U0109944

游芳憫　著

游芳憫文史專集第一卷

中西文化與哲學述要

一峽有關中西文化及哲學思想
讓您擷取人文科學精粹的案頭必備書

作者攝於廬山。

作者擔任中華文化精華講座主講人，吳劍雄先生（右）致贈紀念品。

作者攝於第十一屆高考後，時年二十五歲。

作者與長女蓬丹同遊歐洲，留影於梵諦岡。

蓬丹後將該次旅遊文字結集為《沿著愛走一段》一書。

曾　序

　　游芳憫先生現任美國普林頓大學儒學研究所所長，此前游教授曾任教於台灣靜宜大學及東海大學，旅美以還，原任職於美國啓洲神哲研究院文史哲及倫理學教授，另兼課加州國際神學院，主講中國文化史等課程。又復應聘擔任中國吉林省白城師範大學及福建省寧德高等師範專科學校客座教授。

　　游教授亦曾應邀前往福建師範大學及廈門大學等校講學，並曾出席在北京舉行之第十二屆中國哲學大會。課餘熱心服務僑社，曾出任第四屆孔孟學會會長，嗣由孔憲詔博士繼任第五屆會長後，被聘為榮譽會長。另被推選為財團法人霍雙印中華文化研究發展基金會常務董事，孫中山國際基金會美國總會副主席。

　　在學術論文及社會工作方面，游教授亦曾擔任台灣新生報主筆，超越雜誌編輯委員會召集人，洛杉磯華商週報總主筆，發表學術論文、政論、雜文等數百篇，逾百萬言，散見各報刊。游教授之閱歷豐富，且對社會關懷心切，對時事觀察深刻，走筆行文間可謂立論中肯，思路清晰，講解精闢，任教則對後輩學子諄諄善誘，從事社會公益活動亦不落人後，因之備受各界人士敬重。

　　當今進入二十一世紀，瞬屆十載，值茲時代邁向新工業高科技的階段，世界新思潮愈益澎湃，國際局勢更加複雜，然而重視倫理道德，積極端正人心，實仍推動社會進步的基本淵源，因此本校儒學研究所及宗教學院一向提倡倫理學、道德學及宗教學之研究，配合國際各有關學府，重視中華文化現代化之倫理道德精神，期為儒學第三期復興運動略盡棉薄。

　　基於上述學術研究觀點及智識份子之使命感，游教授今將其歷年講學講義及論述文字加以整理，由其專攻圖書編目管理之長女公子蓬丹彙編成冊，先行出版《中西文化與哲學述要》以及《中西倫理學史研究》共兩卷，其他有關宗教及歷史等文稿，亦將陸續付梓，自謂將其個人粗淺心得供有心人參考，我則見到其出書動機與本校提倡儒學之宗旨極為符合，故樂為之序。

公元二〇一〇年三月於洛杉磯

美國普林頓大學校長醫學博士　教育博士　曾順銘　序

自　序

　　學問之道，誠如一八三〇年法國孔德（Auguste Comte）開始出版其名著《實證學講義》七大卷之中，列出其學術分類表，指明一切學術均以數學為基礎，從而產生物理學、化學、生物學、天文學等自然科學，進而有政治學、經濟學、社會科學。在社會科學中，孔德創立了社會學。

　　由於孔德創立社會學的影響，終於產生文化學的研究，因有文化學的研究，遂開啟了對人類文化史與文明史的整體瞭解，有關文化史與文明史之名家輩出，諸如桑代克之《世界文化史》、杜蘭之《世界文明史》等大作，皆為讀者熟稔，而陶恩比（或譯湯恩比）之十二大卷的《歷史研究》更屬體大思精之作，中文譯本就有陳曉林譯本等多種。在陶恩比於一九七五年逝世前，留下所謂「二十一世紀將為中國人的世紀」之名言。在此之前，德國大史學家斯賓格勒也早在一九一八年出版其巨著《西方之沒落》一書中，預測二十一世紀的世界，東方將壓倒西方。

　　在世界文化與文明的進程中，中華文化的歷史最為悠久。一部二十五史，顯示中華文明的綿延不斷。第二次世界大戰結束之際，美國耶魯大學諾斯教授（F. S. Northrop）出版其名著《東西相會》一書，期待東方文明與西方文明的會通，我國名史家錢穆教授特為文詳加介紹。東西文明得以會通，正是我國許多人文學者以及當代新儒家們的共同期望。證之當代德國學者諾貝特埃利亞斯的《文明的進程》(有王佩莉等譯本)，以及《新編劍橋世界近代史》、《二十世紀世界史》等著作之流行，即可說明此一期望之殷切。

　　二十世紀六十年代「未來學」興起，《未來的衝擊》、《第三波》等有關大趨勢之著作更為讀者所關心。時代進入二十一世紀初葉十

年過程中，伊拉克、阿富汗等地區之戰爭，美國陷入嚴重困擾；中國作為大國崛起，經濟發展可觀，而孔子書院在世界各國的多方推廣，西方人士學習漢語，蔚為一時風尚。

在此邁向電腦資訊自動化的新時代中，筆者基於二十世紀最偉大神學家之一的保羅田立克（Paul Johannes Tillich）的「文化神學」觀點，亦即所謂「文化是宗教的形式，宗教是文化的內涵」之立場，以及前年離世的哈佛大學名教授亨廷頓「文明衝突論」之看法，試圖對過去人類文化與文明的歷史過程，作一初步總結。此一總結，大體上依據一般學者專家之共識，可以列出五大標竿。

此五大標竿即一、孔子的人生哲學；二、道家的養生之道；三、佛家的慈悲為懷；四、基督的博愛奉獻；五、西方的科學方法。即以西方的科學方法而言，二〇〇九年諾貝爾物理獎得主高錕博士發明光纖，應用於電腦網路與資訊傳播上，人類因而有了通往所謂地球村之路的可能。而科技發明，必須建立在道德文化的基礎上，「地球村」才有實現的途徑。孔子所倡「天下為公」、「世界大同」的理念，也才不致流於空談。

為落實上述理念，二十一世紀的知識份子，不論任何專業，都需要具有「人文關懷」的修養，認識中西文化與哲學及倫理思想的精義。尤其文字工作者，更屬責無旁貸。故此筆者也不揣淺陋，以過去從事講學及平日構思的一些粗淺心得，加以整理成冊付梓，以供讀者參考。具備了應有的基本常識，進一步依據本書之提綱按圖索驥，亦可深入研究。拜科技之賜，電腦網路上的資料隨時可得，因此本書略去了注釋，未加引經據典，希讀者諒之。書中錯誤，尤盼方家指正。

公元二〇一〇年三月於洛杉磯寄寓

目　次

世界四大文化發源地概述

第一章　人類文化的開端與成長

第一節　六日工程說

　　有史以來印刷數量最多、流傳最廣、影響最為深遠久長的書即是《聖經》。《聖經》創世紀第一章敘述上帝創造天地萬物,有關「六日工程說」,依據現代考古學地質學古生物學等科學考釋,第一日至第六日,實際上係指宇宙進化階段,代表年代歷程。依考據,原生界約十萬萬年以上,已初有生物。古生界約五萬萬年以上,已有初生猿類。靈生界二百萬年以上,歷經四次冰河時期,皆已發現人類化石。

第二節　四大文化發源地

　　《聖經》所述亞當夏娃所居之伊甸園,依考證在兩河流域古巴比倫今伊拉克首都巴格達附近。預示人類文化發源以大河為肇始,乃有世界四大文化發源地的形成,依時代進展分述如次:

一、西亞巴比倫兩河流域

　　發源於土耳其亞美尼亞高原,平行流入波斯灣,公元前五千年,人群已由漁獵進入農耕,三千年前並出現蘇美城邦,發明陰曆,刻在泥版的「楔形文字」上,數學上有「六十進位法」等,宗教係

3

多神，而有西亞文化的產生。巴比倫人則承襲蘇美人成就，其王名漢摩拉比，統一巴比倫的言語與文字，編有法典。由於北方亞述人日趨強大，南下統一全區，以尼尼微為首都，有宮殿、水道、圖書館、收藏泥版文獻。加底亞人則滅亞述，仍以巴比倫城為首都，故稱新巴比倫，人民長於天文學及占星術。西亞文化另有西台人，建立西台帝國，巴力斯坦地區則有希伯來人建立王國。腓尼基人善經商，將近東文化西傳愛琴海及地中海。

二、埃及尼羅河流域

尼羅河源流由東非洲沙漠流入海，定期氾濫，成為沖積三角洲，公元前三千二百年成立統一王國，第三王朝開始建立金字塔，公元前一千六百年，以武力征服敘利亞、巴力斯坦及蘇丹，成為埃及帝國，但公元前五二五年為波斯所滅，埃及有象形文字，宗教亦多神，發明太陽曆，即今陽曆。編有醫科藥方大全，知道喝牛奶，設有學校，造就人才，貴族庭園大有規模。

三、中國黃河流域

中國文化自舊石器時代，到新石器時代，如依碳十四測定，河南省繩池縣仰韶村發現的出土陶器，當在公元前五千年至前三千年，稱「仰韶文化」，「龍山文化」則係在山東省歷城縣龍山鎮所發現，其陶器多呈黑色，故稱「黑陶文化」，時在公元前二千六百年，台灣亦有發現，證明台灣文化與大陸同一系統。黃帝建國定都於有熊（今河南省新鄭縣），其時埃及已進入第三朝王了，黃帝建國形成中國文化初基，與世界三大文化的發源，皆各有其特色。

四、印度的印度河及恒河流域

印度位於亞洲南部，為一三角形大半島。印度河及恒河均自半島北部流過，形成廣大肥沃平原。早期已有不同民族居此，語言不同。公元前二千年，印歐語系的阿利安人入侵，始建立較有規模的印度文化，而統治了印度。古代阿利安人少數統治多數，乃有種姓的階級之分，且信奉婆羅門教以婆羅門為最高神，主張因果報應及靈魂轉世。西元前五百年，另一支印歐民族的波斯人，由居魯士率軍先後滅了埃及及西亞各民族，建立波斯帝國。波斯人原住兩河流域以東的伊朗高原，居魯士以和平手段征服西亞，其第三代大流士時代，則征服西亞、埃及，整個小亞細亞，及東南歐一帶，形成地跨歐亞非的大帝國，宗教信仰以善惡對立的祆教，又稱為拜火教。

第三節　四大文化的繁衍

一、希臘古典文化

公元前五百年，巴爾幹半島的希臘，興起雅典斯巴達等城邦，曾遭波斯帝國入侵，因打敗入侵者，故波希戰後，希臘文化大為發揚光大。乃有荷馬史詩，三大哲學家，奧林匹克運動員，又有幾何學上畢氏定及歐幾里德幾何學與阿基米德的物理學（發現比重、滑輪原理等）。其建築之帕德嫩神廟，風格均衡。公元前四百年雅典與斯巴達爭戰，內部紛亂，亞歷山大崛起，不及十餘年統一馬其頓，

希臘以及小亞細亞、敘利亞、巴力斯坦、埃及、兩河流域及波斯。亞氏英年早逝，國分為三，但希臘文化影響力甚大。

二、羅馬文化

公元前八百年，拉丁人在意大利半島的拉丁平原建立羅馬城，初為王政時代，曾遭北方外族入侵二百年，公元前五百年羅馬人推翻異族統治，並進入共和時代，由元老院三百人操大權。此際羅馬向外擴張，先滅北方迦太基，再征服巴爾幹半島，佔領敘利亞與埃及，成為稱雄地中海的第一大國。但因內爭，貧富懸殊，軍人專政，初有凱撒獨裁，繼有屋大維專政，屋大維被封上奧古斯都專號後，成為羅馬第一位皇帝，由於改革，奠定二百年的羅馬和平，領土包括現在的英、法、南歐、西亞、北非，統治西亞、埃及、希臘、意大利、日耳曼各民族，與中國的漢朝遙遙相對。但羅馬帝國經二、三百年又趨衰亡，社會腐敗，疾病流行，人口減少，蠻族入侵，公元第四紀，帝國分裂為意大利半島及其以西的西羅馬帝國，一是巴爾幹半島的東羅馬帝國。帝國最大成就為公元前四五〇年公布之十二木表法（民法）。

三、希伯來文化

希伯來文化來自兩河流域。洪水以後挪亞子孫繁衍於各地，閃族人即曾於公元前三千七百年左右統治巴比倫，版圖直達地中海，閃族人吸收蘇美人文化，傳至亞伯拉罕，經以撒、雅各、約瑟等三代至摩西帶領以色列人出埃及，《摩西五經》成為人類精神文明的最高結晶，《五經》之後的《舊約》全書及《新約》全書愈益光芒

萬丈。因摩西傳十誡，遂有猶太教，由猶太教再產生基督教。基督教初期在羅馬帝國初年，屢遭迫害，但至君士但丁大帝時期，於公元三一三年始獲承認其合法性，再進而由狄奧西多皇帝定為國教。

由基督教形成極有系統的神學思想，修道院更成為精神文明中心，公元第五世紀至十四世紀，西方進入中古時期，為時約一千年。基督教日趨傳佈。

公元第四世紀開始，原居北歐的另一支印歐民族日耳曼入，因受亞洲匈奴壓力，乃進入南歐、西歐與北非，於公元四七六年滅西羅馬帝國，在歐洲建立東哥德王國（在意大利半島）西哥德王國（在伊比利半島）法蘭克王國（在今法國），以及盎格魯撒克人進入（在今英國）建立幾個小國，而以最強大的法蘭克人，最早接受基督教。

法蘭克人所建法蘭克王國，國王查理曼，武力征服西歐及南歐大部土地，公元八百年，羅馬教宗為查理曼加冕，查理曼帝國遂變成西羅馬帝國的繼承者，且由查理曼大帝推行基督教信仰，以拉丁文教育人民，於是基督教及拉丁文化，乃得深入西歐及南歐。中古歐洲遂與地中海古典文化相銜接，形成西方文化。公元九世紀，查理曼帝國分裂為三，東法蘭克王國國王鄂圖一世，自命為羅馬帝國真正繼承者，要求教宗加冕，此即「神聖羅馬帝國」，維持八百年，但權力在各邦諸侯手中。諸侯下有騎士，地主下為佃農，公元八百年以後的歐洲「封建制度」，有城堡與莊園。日耳曼人因發明重犁及衡轡和蹄鐵能拖耕，且三年輪耕，農業大有進步。

西羅馬帝國雖為日耳曼民族所滅亡，但東羅馬帝國政權仍統治巴爾幹半島和西亞、埃及，且沿用希臘文。第六世紀查士丁尼大帝統軍西征，編纂法典，所建聖索菲亞教堂（在君士但丁堡）極為雄偉，但其後東羅馬帝國，仍為東方新興起的鄂圖曼土耳其帝國所滅

亡（公元四五三年），唯卻激起歐洲文藝復興。東羅馬帝國首都在君士坦丁堡，原係古希臘的拜占庭城，故東羅馬帝國又稱拜占庭帝國，其文化稱為拜占庭文化。實行中央集權，信奉希臘正教，保存希臘典籍且抵抗東方的波斯、阿拉伯、土耳其，向西擴張，成為西歐重建的保障。東歐斯拉夫民族依循拜占庭文化，新興俄羅斯亦信奉希臘正教。所以俄國與東歐及巴爾幹各國歷史方向與西歐迴異。

四、印度文化

印度婆羅門教社會極不平等。公元前六百年佛教興起，主張人人平等，多行善以成佛。佛教創立後兩百多年，印度孔雀王朝的阿育王，定佛教為國教，公元二世紀佛教分為南、北兩派，北派主張普渡眾生的大乘佛教，由中亞傳入中國，再由中國傳至朝鮮及日本。南派主張講求自求為主的小乘佛教，由錫蘭傳至中南半島及東南亞各地。

孔雀王朝之後的數百年為印度史上黃金時代，依照佛教實行仁道，重視社會福利，成立大學，研究經典，中國之法顯、玄奘即係當時前往求經。惜其後印度宮庭內亂，終於召來外禍達千年，印度一度亡國。

位於亞洲大陸西端的阿拉伯半島三面環海，大部份為沙漠，阿拉伯人多以牧畜為生，第七世紀穆罕默德倡回教，編可蘭經，團結阿拉伯人，統一了阿拉伯半島及整個西亞，東入中亞，與中國唐代接壤，而沿北非北岸前進，越直布羅陀海峽，佔領今西班牙大部份地區。此即地跨歐亞非三洲的回教帝國（即大食國），後因內部爭權分裂為三，乃趨衰亡。

　　土耳其人繼阿拉伯人崛起於回教世界，唐代稱土耳其為突厥，分為東西二支，東突厥為唐太宗所敗，多半同化於中華民族，西突厥成為中亞主要勢力，改奉回教。

　　公元十一世紀，西突厥一支塞爾柱土耳其人，曾佔領地中海東岸一帶（包括耶路撒冷），並向小亞細亞擴張，大敗東羅馬帝國，建立鄂圖曼土耳其帝國，但百餘年後為蒙古所滅。十四世紀另一支鄂圖曼土耳其人代之而起，以小亞細亞為基地，先統一西亞，於公元一四五二年攻陷君士但丁堡，結束東羅馬帝國。繼續西進，征服巴爾幹半島，佔領埃及與北非，建立雄跨歐亞非三洲的大帝國，施行仁政，境內基督徒及猶太人的經商，為其帝國帶來大量財富。但十六世紀以後，該帝國趨於保守，乃由盛而衰。

第二章　四大文化的衝突與交流

第一節　十字軍東征

　　公元十一世紀末葉，東羅馬帝國因受新興土耳其威脅，數度向羅馬教宗求援，而耶路撒冷落入回教勢力範圍，朝聖困難。一〇九五年（北宋哲宗紹興二年），歐洲克勒蒙宗教會議，由是組織十字軍東征。翌年第一次東征（至一〇九九年止），先後建立耶路撒冷等四個王國。以迄第八次東征（一二六九～一二七〇年），最後終於失敗。十字軍東征雖失敗，但促進貿易，促成西歐人民認識東方世界，商人由東方攜回絲、瓷、糖、香料等物資，使得西歐人民力求繞過土耳其人勢力範圍，另求新交通路線到東方。

第二節　蒙古西征

　　十三世紀蒙古大軍遠達波蘭、中歐等地，在西亞建立伊汗兒國，在俄羅斯建立欽察汗國。當時蒙古領地，東起太平洋，西至多惱河、波羅的海、地中海，南至印度洋，北迄北冰洋。能通蒙古語者，由歐洲至中國，通行無阻。驛站遍全國，交通方便。東羅馬、西羅馬及日耳曼之遊歷家、商人、教士、工程師等人士皆能東來。其最著名者為意大利人馬可波羅。馬可波羅於一二七一年，隨其父從地中海東岸阿克城出發，經小亞細亞、兩河流域、波斯、阿富汗、

中亞細亞、帕米爾高原、塔克拉馬沙漠，基本上沿絲綢之路東，於一二七五年，抵達蒙古夏都（今內蒙多倫縣），受到蒙古宮廷歡迎，因通蒙古語及漢語，得以旅行大陸各省直達福建。一二九二年，馬氏回程，由福建泉州啟航，經蘇門達臘、印度至波斯，由陸路取道兩河流域至高加索，於一二九五年抵達威尼斯。其口述《東方見聞錄》成書後，轟動歐洲。此書引起哥倫布決心漫遊東方，終於發現新大陸。

第三節　地理新發現

《馬可波羅遊記》引起歐洲人急於探求東方富庶之念，最先為葡萄牙人，沿非洲西岸向南航行，發現非洲南端好望角，折而向東，往印度、麻六甲，而抵中國及日本。西班牙人則依地圓說，認為應由歐洲向西航行，竟意外發現美洲（一五〇二年哥倫布抵達美洲中部）。麥哲倫由大西洋穿越南美，進入太平洋而達亞洲後登陸菲律賓。中國鄭和下西洋，則於一四〇五年至一四三三年七次沿亞洲海岸，經南海，渡印度洋，曾抵達非洲東岸。東方航路打通後，十七世紀荷蘭人打敗西葡艦隊，奪取印尼等地，成為當時之荷屬東印度群島。英法等國，亦多向北美及印度發展。西方歷史亦由地中海時代，轉入大西洋時代，也揭開海權時代序幕。

第三章　中古時期後世界新里程

第 一 節

　　十五世紀歐洲文藝復興，接著宗教改革，由於馬丁路德將《聖經》翻譯成德文，促成了歐洲各國國民文學的興起。而且基督教會早已開始創辦大學，例如巴黎大學（一一六○年），牛津大學（一一六七年），劍橋大學（一二○九年），西班牙帕倫西大學（一二一二年），意大利那不勒斯大學（一二二四年），德國紐倫堡大學。到十四世紀，整個歐洲，大學即達四十所。大學培養了許多優秀人才，講授七藝、文法、修辭、邏輯、數學、天文、音樂，哥伯尼就是從波蘭到意大利進入博羅尼亞大學深造。其時大學課程，首重神學、哲學、法學、醫學，與文學，所以文藝復興與宗教改革後，歐洲人才輩出，文學方面如但丁神曲、莎士比亞戲劇；藝術方面如達芬奇的蒙娜麗莎、米開朗基羅雕刻之大衛、摩西；哲學方面如法蘭西斯培根的新工具，笛卡兒的理性論，斯賓諾莎的倫理學；史學方面如路德教派史學家佛拉西斯的世紀史；法學方面如格老秀斯的戰爭與和平法等，均屬影響後世至鉅。

第 二 節

　　中古時期之教育成就，更促成近代自然科學的發展，包括哈維的血液循環論、哥伯尼的太陽中心論、克卜勒星體運行論。伽利略

名著星際使者，打開人類通向宇宙的第一個天穹，接著牛頓的萬有引力定律，以至二十世紀愛因斯坦相對論的提出，以及許多科學發明，將人類歷史帶進高科技文明。

第三節

西方自十八世紀工業革命以及法國大革命後，因拿破崙帝國瓦解，歐洲舉行維也納會議，企圖消弭民主革命力量，但英國自一八三二年國會通過選舉法案，而有保守自由兩黨的政黨政治出現。法國則在一八七〇年普法戰爭時，拿破崙第三兵敗被俘，法國乃建立了第三共和。意大利亦於一八七一年完成統一。美國於一七七六年獨立革命後，成立孟德斯鳩主張的三權分立國家。一八七一年德意志帝國興起，日本則於一八六七年完成明治維新。因爭奪殖民地，形成新帝國主義，德國與日本先後掀起第一次與第二次世界大戰。二次戰後蘇聯席捲東歐，分裂東西德，南北韓，南北越，越戰後南北越合併，東西德亦已於一九九〇年宣告統一，蘇聯則於一九九二年宣告解體。九十年代美國成為世界唯一超強。

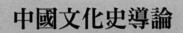

中國文化史導論

第一章　上古及中古時期 中國文化的回顧

第一節　舊石器時代到秦漢統一階段

一、黃帝建國時期

　　中國上古歷史，從仰韶文化與龍山文化，彩陶與黑陶產生於新石器時代的黃河流域，其分佈廣及遼寧、甘肅、河南、河北、山西、察哈爾、新疆及台灣。但以陝西、河南等地為中心，其時人民生活由漁獵，進而農耕，豢養家畜，由磨光石器，進而學習製造陶器，聚族而居，形成大小村落，再進而形成城邑。

　　司馬遷《史記‧五帝本紀》將黃帝列為中國古代第一位君王，黃帝為軒轅氏，姓公孫，或云姓姬。五帝指黃帝、顓頊、帝嚳、堯、舜，黃帝的建國乃是他能修德興治，在阪泉和涿鹿（均在今察哈爾涿鹿縣附近）先後擊敗炎帝與蚩尤，而被諸侯尊為天子，其行蹤曾東至海邊及岱宗（今泰山），西至空桐（山名，今甘肅），南至於今之長江，且曾會諸侯於釜山（今察哈爾懷來縣）並建都於有熊（今河南新鄭縣）。

　　依據《五帝本紀》記載，黃帝「時播百穀林木」、「淳化鳥獸蟲蛾」，足以說明黃帝時期已由游牧進入初期農業。其功績更涵蓋其

元妃嫘祖養蠶吐絲而織綢緞，倉頡製作文字，而且發明指南針，又有曆法、音樂，以至舟車、宮室。黃帝崩，子少皞繼立，遷都曲阜，及崩，其弟昌意之弟顓頊立，號高陽氏，都帝丘（今河南偃師縣），及崩，子摯立，荒淫無道，諸侯廢之，而尊譽之三妃夏都所生堯，堯有治德，而讓位於舜。帝堯陶唐氏，姬姓，都平陽。命義和治曆象，置閏法，置諫鼓謗木，廣徵各方建言。其時洪水成災，舉鯀治之，九載無功，堯乃求遜位，各方舉舜，舜先行攝政，舜用鯀子禹，治水十三年，而水患平，舜遂即帝位，舜有虞氏，姚姓、都浦坡（今山西永洛縣）。舜巡狩四方，在位三十三年，命禹攝政十七年，禪位於禹。尚書有堯典、舜典、大禹謨三篇，述各人治績，但係春秋時期後人追記。

二、夏商周三代與春秋戰國時期

夏禹姒姓，其氏族發祥於川陝甘之交，禹接位後，古本竹書紀年謂禹初都陽（今河南登封縣），會諸侯於塗山，又聚於會稽。禹崩，子啟繼位，有扈氏不服，啟與之戰於甘（鄂縣西），滅之，傳子遂定，乃開家天下之局。時在紀元前二二〇〇年，紀元前一九〇〇年夏桀在位，此時西亞為巴比倫第一王朝，紀元前一七八三年商滅夏，夏朝計四百四十年。夏朝已進入銅器時代，建築城廓頗有可觀。

商人世居河南商丘縣，滅夏後，由湯即帝位，死後，立其弟外丙又立中壬，均早死，後立太甲。其後商五興五衰，至盤庚而遷都於殷（甲骨文出土處），故商代史稱殷商。傳至紂王，荒淫無道為周武王所滅，商代歷時五百五十四年。

　　周人初居於邰（今陝西武功西南），姬姓，伐紂代商，稱武王，定都於鎬（今陝西西安）國號周，時在公元前一一二二年，以色列掃羅王在位，印度摩揭陀國形成。周傳至厲王，無道，國人反叛，厲王奔彘（今山西霍縣）被稱中國史第一次平民革命，時在公元八四二年，而由共伯和接王位，行共和行政，共和十四年厲王死，子靜立，是為宣王，傳至幽王，寵褒姒，為犬戎所殺。平王立，遷都洛陽，史稱西周，凡二百五十三年，東周平王一年即公元前七七〇年，迄公元前二五六年，東周赧王五十九年秦攻周，周赧王入秦獻地，周亡，東周共計五二六年。

　　西周封建制度一西周滅紂建國後，封紂王之子武庚繼續統治殷商，周武王死後，子成王繼位，由叔父周公攝政，周公之弟管叔、蔡叔不服，聯合武庚叛變，周公遂東征，周公東征，三年苦戰而勝利，周人勢力遂擴充黃河流域下遊及淮水流域，並建立雒邑（今洛陽）為東都。周公攝政七年，仍將政權交還成王，成王死，康王立，四十餘年為成康之治，天下太平。周朝封建制度，分封百餘國，其封建王朝，有貴族及諸侯、卿大夫及士，其他為平民，包括農、工、商，最下層為奴隸，土地全歸屬貴族，實行井田制度。

　　周室東遷後，周天子地位下降，各分封國中，大國爭霸，乃有春秋五霸：齊桓公、宋襄公、齊文公、秦穆公及楚莊王，第一個霸主為齊桓公。吳越兩國亦爭霸。晉國的韓、趙、魏三家大夫，兼併其他大夫土地，分別建國瓜分了晉國，獲得周天子承認，最後韓、趙、魏及齊、楚、燕、秦則成為戰國七雄。七雄不尊重周天子地位，而秦國商鞅變法後，國勢強盛，滅六國，而統一全國。

　　西周及東周春秋戰國時期至秦之統一，其政治、經濟、社會、文化、學術、思想，分述如次：

　　1.政治：由封建而統一，其疆域不斷擴充。

2. 經濟：土地由井田制度進而完全土地私有。工商發達，都市興起。

3. 社會：工商界人物出頭，如韓國大商人呂不韋，做到秦國宰相，從事製造業致富者更多。

4. 文化：中原文化東進，而且南服吳、楚、越，由於西戎敗落，胡狄被遏，中國文化因燕趙魏等國抵禦北方匈奴，塞外民族，不敢南下牧馬。

5. 學術：春秋戰國時期，百家爭鳴，尤其儒墨法等十家九流，對中國文化之學術思想促成蓬勃發展。

6. 科技：春秋戰國時期，科技發達，例如：鐵製農具，包括大鍬、鐮、犁、鉗型器、六角型鐵鋤等，均極進步。

三、秦漢統一階段

秦王嬴政（公元前二二一年）滅六國後統一中國，號始皇帝，皇帝自稱朕，廢除封建，改後郡縣，共設四十郡，在中央集權前提下，皇帝設左右承相，御史大夫為丞相助手。太尉管軍政，將軍負責征戰，廷尉管刑法，治粟內史理財經，少府管稅收，博士為政府顧問。

地方方面，郡守管一郡，縣令長（一縣萬戶以上稱令，不足稱長）。縣以下為鄉官及亭長。秦疆土東至海邊，南至大庚五嶺，西起臨洮，北經陰山山脈直達遼東。戰國時各國堤防，加以溝通，疏浚河南汴河，以汴河為中心，接通濟、汝、淮、泗各水，大修水利，接通湘江和大溶江的靈渠，全國修馳道，為防止北方遊牧民族入侵，在原燕、趙、秦的舊長城基上，修築長城七千餘公里，從甘肅岷縣至遼東平襄。秦的基本國策，以農立國，但是因其暴政，至二世而斷，王朝僅十五年。

在楚漢相爭之下，秦政權被推翻。漢以秦為師，政治制度方面，漢高祖責成蕭何立律令、韓信定軍法、叔孫通定禮儀、張蒼定曆法及度量衡程式。漢高祖立國後，殺功臣韓信、英布、彭越、張敖、臧荼等勇將，倡言非劉姓而王者，天下共擊之，乃大封子婿兄弟等之同姓。西漢亡後（公元二十三年），東漢光武帝封開國功臣三百六十五人，外戚四十五人，形成豪強地主集團。官位最高者為三公，太尉、司徒、司空。設立尚書，分管全國政務。皇宮內設宦官，為皇帝心腹。公元二二○年，三國曹丕稱帝建立魏，東漢滅亡。

在經濟方面，秦朝統一後，即頒統一度量衡詔書。度量衡由官府監製，又齊一幣制及畝制，漢則鹽鐵官營，統一製造五銖錢，建立賦稅制度。秦所頒在「黔首自實田」法令（令人民以黑布包頭，故名黔首），自報所屬土地實畝，按規定納稅，即承認其土地所有權，以家庭為基本生產單位的小農生產方式，進一步得以鞏固。漢初，大亂之後，與民休息，行黃老放任之術，經濟復蘇，然資產不均，富商大賈獨佔山澤之利。賈誼、晁錯乃有重農抑商之議。王莽篡漢，變法改革，最後失敗被殺。

至於秦漢在疆域擴張方面，北伐匈奴，南平百越，東定朝鮮，西通西域，自長安，經敦煌、西域直達大秦（即羅馬帝國）的商路，為當時世界最長的交通路線。

秦漢學術的發展情況如下：秦漢已置博士官名，此名稱起於戰國，掌通古今。本於齊的稷下先生。博士人設定為七十人，武帝分置詩、書、禮、易、春秋、五經博士，董仲舒大興太學。東漢中期，大修太學，太學生多至三萬人。經學分為今文與古文兩派，今文老師口授，以隸書記錄，稱今文經。古文經學，傳授古文經典，此經典在曲阜孔子故宅牆壁中發現，文字古老。東漢末年，經學大師鄭玄遍註五經集經學之大成。而古文經以尚書最重

要。武帝時，司馬遷著《史記》，為史學鉅著，東漢時班固著《漢書》，為中國第一部斷代史。劉向劉歆父子著《七略》，乃中國古代文化史巨著，許慎的《說文解字》，亦為學術史名著。

漢賦淵源於楚辭，文體半詩半文，名家有司馬相如、楊雄等。五言詩興於西漢，曹植為著名五言詩人。《孔雀東南飛》乃一千七百餘言的敘事詩。又樂府亦秦代官名，掌管郊廟朝會貴族樂章。武帝時，擴大樂府編制，採用民間歌謠入樂。其後樂詩仍分開，合樂者為樂府，誦讀者為詩。

秦漢時陰陽家學說，混入儒家，西漢經師皆採陰陽家之言，以說經，西漢人深信「天道」、「人事」互相影響。漢儒多言災異，身任三公者，必須調合陰陽。身負政治責任者，尚須負自然界中事物變化責任。荀子則為第一個援法入儒之人，淮南王劉安及董仲舒可算西漢思想家，東漢桓譚、王符、仲長統等人政治學說，亦有其地位。

秦漢藝術，繪畫偏於實用價值，應用於各種工藝品、雕刻、建築裝飾方面。純粹藝術以壁畫及石刻為主，漢墓壁畫，題材極為豐富。

秦漢科技，紙的發明乃劃時代發明。張衡作渾天儀，候風地動儀。渾天儀，似有地圓觀念，其法在房中以激水推動儀器，中為地，四周為天，所轉動者與天象相同。地動儀可測地震。張機（字仲景）著《傷寒雜病論》，為醫學巨著，後由晉代醫學家王叔和加以整理，分為《傷寒論》及《金匱要略》，兩書經中國及日本漢醫分別發揮，注釋著作達千餘種，淳于意及華陀亦為名醫。

由於戰國以來，方士喜談神仙及長生不老，張陵附會老子，於東漢晚年創道教，唯佛教則較早已於西漢哀帝時傳入中國。

四、隋唐盛世時期

(一)

曹丕篡漢，開始中國為期三百七十年的分合局面。蓋自東漢靈帝中平六年（公元一八九年），外戚何進企圖滅宦官，招董卓率軍入洛陽，何進反為宦宮所殺，靈帝時累官佐軍校尉之袁紹，此際大殺宦官，董卓乃廢少帝立獻帝。公元一九〇年獻帝初平元年，董卓挾獻帝西行，袁紹乃攻董卓，董卓入據長安，為王允、呂布所殺。靈帝時以農民依附道教（五斗米道）頭綁黃巾，時人稱黃巾賊，曹操攻黃巾有功，據兗州。董卓死後，獻帝由長安逃回洛陽，曹操迎其到許縣，遂挾天子以令諸侯。官渡之戰（今河南省中牟縣），袁紹大敗而死，曹操遂掌握北方。獻帝建安十三年（公元二〇八年），曹操率軍取荊州，沿長江而下，擬併江東孫權，而孫權與劉備結盟，共同抗曹，赤壁之戰，曹操大敗，退回中原，劉備遂得荊州南部，西取益州，孫權則繼續經營江東。建安二十五年，操死，子丕繼掌東漢政權，乃篡位，改國號為魏，即魏文帝；次年劉備稱帝定都成都，仍用漢國號，史稱蜀漢。其後孫權自立為帝，定都建業（今南京），史稱吳大帝，乃成三國鼎立。

三國歷史孫劉聯合抗曹魏，劉備死後，劉禪繼位，是為後主；諸葛亮死後，後主投降魏國，蜀漢亡。曹魏在明帝死後，大權落入司馬懿手中，至司馬炎篡魏，建立晉朝，是為晉武帝。吳主孫皓內政不修，為晉所滅，東漢末期之分裂又歸統一。其時匈奴及羯人移居今山西境內，鮮卑人居遼東，氐人及羌人居陝、合稱五胡。晉惠帝時有八王之亂，匈奴劉淵稱帝，晉懷帝永嘉五年（公元三一一年）

劉淵族子劉曜攻陷洛陽，懷帝被俘，愍帝接位長安，又為劉曜攻陷，西晉亡。琅邪王司馬睿乃定都建康稱帝，是為東晉元帝，丞相王導輔之，北伐未成。而胡人據北方，為氐人建立前秦所掌握，前秦符堅用漢人王猛為相，統一北方，與南方東晉對峙。東晉孝武帝太元八年，符堅以百萬大軍攻晉，淝水之戰，符堅大敗（淝水在今安徽省壽縣東）。淝水戰後，至東晉恭帝時，為劉裕所篡，東晉亡。東晉亡後，南方先後立宋、齊、梁、陳四朝代，皆建都於建康，計一百七十年（西元四二○～五八九年）史稱南朝，北方則由鮮卑人拓跋珪建立魏國，史稱北魏，統一北方，結束百餘年「五胡十六國」時期，與南方成為南北朝對立。其後北魏又分裂為東魏與西魏。東魏後為齊所取代，西魏為北周所取代，楊堅篡北周，改國號為隋，再滅南朝的陳（公元五八九年），中國又歸統一。

（二）

魏晉南北朝時代，道教佛教盛行，儒學則代代相傳，成為家學，於是形成世家。社會上雖仍重農輕商，但北方之洛陽、長安，南方之建康、廣州，均成商業都市。北朝與西域有貿易來往，南朝與中南半島之扶南（今高棉）等，均有貿易，錢幣大多沿用五銖錢，三國時代的吳及東晉，加上南朝宋齊梁陳四代，皆建都建康，合稱「六朝」，保存了中華文化，開發了江南。北魏孝文帝為防土地兼併，行「均田制」。由於東漢末年戰亂，社會流行清談與玄學，例如何晏、王弼喜談老莊，所謂竹林七賢，多談老子莊子與易經，謂之三玄。文學方面駢體文，講求四六對隅，陶潛為最著名田園詩人，范曄後漢書，陳壽三國志酈道元水經注，乃史地名著。南朝時祖沖之已計算出圓周率的值為三點一四一五九二六一七之間，非常精確，較之十六世紀中葉德國人所發現之圓周率，早了一千一百年，西

晉時王叔和著脈經，為醫學重要著作。藝術方面為王羲之的書法，千佛洞的壁畫，以及龍門石刻等，均極著名。至於民族融洽，無論五胡以及南蠻，均為中華民族所同化，終於產生隋唐盛世的燦爛文化。

（三）

隋唐盛世的形成，由於魏晉南北朝時代，僅西晉短暫統一，楊堅篡北周，改國號為隋，滅陳後，統一中國。隋文帝在位期間，崇尚節儉，注意吏治，故能富庶而安定。但其猜忌成性，用刑嚴酷，煬帝繼位後，剛愎奢侈，乃至恭帝而亡，歷時僅三十八年。隋之建設事業，包括營建新都，整修長安與洛陽，規模宏偉，街道寬直，又重修長城，開鑿運河共五條，四條均南北走向，加強南北統一基礎，成為唐朝經濟命脈。但為營建東都洛陽城，徵調民伕二百萬以上，不予報酬，大業十四年煬帝遊幸江都，被臣屬殺害。李淵自太原起兵，攻入長安，擁立恭帝（煬帝之孫），得知煬帝被殺，遂廢恭帝自立，改國號為唐，是為唐高祖。太宗繼之，任用魏徵、房玄齡、杜如晦等名臣，形成貞觀之治，政治清明，夜不閉戶。太宗死後，高宗繼位，初頗精明，因寵幸武則天，高宗死後，武則天連廢中宗、睿宗，自稱聖神皇帝，改國號為周（天授元年，公元六九〇年）稱帝十六年，為張柬之等，乘其重病之際迎立中宗復辟，恢復唐之國號，中宗之後為睿宗至玄宗，百餘年間，大唐帝國與西亞的阿拉伯帝國，兩者均為當時世界文化中心。

開元末年，玄宗縱情享樂，先用奸相李林甫，寵幸楊貴妃，貴妃兄楊國忠更加貪污弄權，朝政日非，唐朝由盛而衰，乃有安史之亂。玄宗避難四川，太子在靈武（今寧夏靈武縣）即位，是為肅宗。經郭子儀向回紇借兵，九年之亂終被平定。安史亂後，唐朝中央政

權，操於宦官，除了宦宮與鎮藩問題，官員又有牛李黨爭。僖宗時，黃巢亂起，攻陷長安洛陽稱帝長安，國號大齊，唐用黃巢降將朱溫，徵召沙陀部族李克用，始平黃巢之亂。昭宗時，宣武節度史朱全忠率兵入京，殺宦官及昭宗，另立哀帝，不久篡位，國號梁，唐亡。唐朝共計二百九十年，（公元六一八─九〇七年）。唐亡，至宋建立前五十四年期，北方相繼出現梁、唐、晉、漢、周等五王朝，史稱五代，均加後字。與五代並存的各據一方的十國指吳、吳越、前蜀、後蜀、楚、閩、荊南、南唐、南漢、北漢。

　　隋唐時代，突厥部族佔據北方，突厥分裂為東西突厥，隋末東突厥控制大漠南北，西突厥據有蔥嶺東西一帶，唐太宗派李靖攻滅東突厥，收回漠南、西北部族上太宗天可汗尊號，唐太宗成為當時東方國際盟主，西突厥則在高宗時被討平。突厥滅亡後，回紇強大，安史之亂，回紇助唐平亂，貪索無厭。唐末，回紇始勢衰。南北朝時，朝鮮半島分為高麗、新羅、百濟三國，唐太宗曾親征高麗，高宗時，渡海滅百濟，日本援百濟，於白江口（今錦江口）遭劉仁軌擊敗，為中日交通以來，第一次大戰。唐平百濟、高麗後，置安東都護府於平壤。西域方面，太宗先派軍滅高昌（今新疆吐魯番），西域各國均歸附於唐。太宗時以文成公主嫁與吐蕃贊普，中國文化遂傳入西藏。南詔受唐封為雲南王，天竺立國於印度，太宗助其平亂，今東南亞各地亦多向中國朝貢，唐之版圖，超過西漢，為當時世界最強國家。

　　隋唐之際，廣州揚州等對外貿易港埠，大食（阿拉伯）波斯等國商旅往來頻繁，佛教因玄奘譯經而大盛，景教、回教、摩尼教等均傳來中國。而中國文物亦多傳向西方。東亞方面，更加唐化，尤其日本因唐化而有大化革新（日本文字均自中國傳入），隋唐制度與文化亦大有成就：

1. 隋唐時代中央政府最高機構為三省，中書省掌詔令，門下省主審核，尚書省掌執行。其下有吏、戶、禮、兵、刑、工六部，地方行政則採州縣二級制。

2. 科舉制度為分科考選官吏，分進士科與明經科。

3. 賦稅制度採租庸調法，納粟為租，服役為庸，另徵定額之絲、麻等物謂之調。

4. 文學藝術方面，唐詩大放異彩，韓愈發起古文運動，主張文以載道。書法與繪畫，顏柳及韓幹畫馬等，均極有名。唐三彩，尤具藝術價值。

隋唐時期，中國經濟重心南移，由於統一了黃河、長江兩大流域，科技方面，更多發展，天文曆法均有突破：世界上第一個發現恒星自動現象，第一個實測子午線。唐初王孝通著緝古算經，運用高次方程式，解決二十個數學問題。李淳風與算學博士梁述合作，注釋《周髀算經》等十餘部數學專著，澄清許多難題。陸龜蒙著《耒耜經》，注意到改良農業生產工具。

五、兩宋元明時期

（一）

宋朝開國皇帝趙匡胤，原係五代後周殿前都檢，掌中央禁軍，陳橋兵變，被擁為帝，建國號為宋（西元九六〇年），是為宋太祖，仍都於汴京（開封）。弟太宗（名光義）繼位後，吳越歸降，又討平北漢，完成統一，太祖鑒於唐末地方割據，故杯酒釋兵權，集權力於中央，提倡文人政治。以中書省為宰相機構，地方制度行政區為路，下分府、州、軍、監、最下為縣。強幹弱枝政策，在宋初期

尚合國情，但久則積弱，以致對外戰爭，攻遼攻契丹皆失敗。乃有王安石變法，但為保守派司馬光、歐陽修等所反對，乃任用小人呂惠卿輩，結果變法失敗，引起新舊黨之爭，徽宗時新黨份子蔡京當權，貪污不法。欽宗靖康二年，金兵南下，攻陷汴京，徽宗、欽宗父子被俘，史稱靖康之難，北宋亡。北宋自太祖建國，至欽宗亡國，計一百六十八年。

（二）

靖康之禍後宋群臣擁欽宗之弟康王趙構，接位於應天（今河南商邱）即為宋真宗，宋史進入南宋時代。大臣李綱，宗澤，力抗金兵，但金兵仍大舉南侵，高宗逃抵溫州（今浙江永嘉），旋即宣布定都臨安（今杭州市），成為偏安之局。雖有岳飛抗金，有偃城之捷，並進兵朱仙鎮（今河南開封附近），但因奸臣秦檜作祟，高宗則恐迎回二聖，自己皇位不保，致金人要求殺岳飛，始能講和，岳飛死後，南宋偏安，且需輸給金人巨額歲幣。寧宗時，宰相韓侂冑北伐失敗被殺。度宗時，賈似道專政，度宗死後，賈似道立嘉國公㬎為帝，蒙古軍陷臨安，其後文天祥抗元被俘，不屈而死，宋之末帝昺為丞相陸秀夫背負沉海而死於廣東新會崖山，南宋亡，計一百五十五年。

（三）

蒙古之勃興，乃由於遊牧民族民性強悍，原先世代奉貢於遼、金，其後勢盛。宋寧宗時（公元一二〇六年），蒙古諸將擁首領鐵木真即位，號成吉斯汗，即元太祖，率四子西征，東歸，而滅西夏。太祖死，太宗立，其後兩度西征，征服歐洲，取天方（阿拉伯），奪耶路撒冷，兵威遠至埃及。忽必烈建都燕京，建國號為元，改元至元，統一中國。而元帝國之瓦解，先是骨肉相殘，至順帝時，尤

28

淫於聲色，且以排斥漢人，於是元末群雄並起。乃有朱元璋定都南京，建號曰明，遣徐達、常遇春北伐，順帝北走，元朝自世祖滅宋，而有中國，凡十帝，公元一三六八年而亡。

朱元璋建都南京，是為明太祖，其人嘗為僧於皇覺寺，性猜忌，建國後盡殺功臣，且株連而死者，動輒數萬人。元璋在位三十一年而死，太孫允炆立，是為惠帝，乃有靖難之變，而明室骨肉相殘，尤甚於元。但明初海外事業，鄭和七次航海，影響所及，對東南亞及菲律賓的開發，貢獻極大。明季倭犯屢起，損耗明之國力至鉅。明末政局，為宦官魏忠賢等之亂政，卒致流寇四起，而召滿人之入關，明祚遂絕，明自太祖建國，計十六帝，歷二百七十六年。

（四）

兩宋及元明文化與學術方面，簡述如次：

兩宋時期，繼承唐代手工業之基礎，宋代手工業更為進步，且有分工專門的趨勢，製造技術更為精巧。絲織品、紙張、磁器等產品均極精美。元太祖更獎勵工藝，當時工部組織龐大。宋明之際，商業非常發達，「市舶司」掌理商務事宜，紙幣頗為流行，也曾發生通貨膨脹。

繼秦漢經學，隋唐佛學的研究，兩宋時期轉為理學，理學又稱道學，北宋五子為周敦頤、邵雍、張載、程顥、程頤兄弟。南宋時以朱熹集理學之大成，朱子教人「格物窮理」，陸九淵則主張「心即是理」，兩人均強調心性修養，砥礪名節，而朱子作《四書集注》，更為學子必讀之書。明季理學，則以王陽明為代表，號稱心學。宋代史學則極為發達，最著名者為司馬光的《資治通鑑》，乃有系統編年史，鄭樵通志與馬端臨作《文獻通考》，詳述歷代文物制度，十分精審。

　　而兩宋教育，則有官學與書院的兩大系統。中央官學以太學為主，地方則多設書院，著名者有白鹿洞書院、嶽麓書院、應天書院等。

　　宋詞與唐詩齊名，元代文學主要是曲，有馬致遠，關漢卿等名家，而《水滸傳》乃一大傑作，明代則以《西遊記》為最著。宋代書畫家為蘇東坡、黃庭堅、米芾等，元代書畫最有名者為趙孟頫。明代畫家有仇英等。宋代科技名家輩出，北宋的沈括，所著《夢溪筆談》，包括天文、地理、物理、數學、醫藥、音樂、卜算等部門，應有盡有。宋代畢昇發明活字版印刷，較之唐代雕版印刷大有進步。明季西洋科學已逐漸東傳，利瑪竇來華，與徐光啟合譯《幾何原本》，以及徐光啟編《篡農政全書》等著作，均顯示宋、明之際中國科學文化在世界上的地位。

（五）

　　兩宋元明四代，在中國文化史上最堪注目者，乃基督教之傳入中國，其歷史進程如下：

　　溯自唐代，景教即傳入中國，景教係敘利亞人聶思脫利首創，聶氏曾任君士但丁堡主教，倡言耶穌為立教聖人，但非上天之子，此說乃被視為異端，聶氏憂憤而死，其門徒東來，唐高祖初逝，太宗命房玄齡，迎接聶派教士阿羅本，予以崇奉，郭子儀等均信奉之。迄唐武宗詔滅外教，與佛教同被禁。唯至元代，至元十七年（公元一二八〇年）羅馬教皇遣使東來時，聶派教士又再傳入，且有教堂十二所之多。而且羅馬派教會亦在燕京設有教堂。

　　明代自萬曆中利瑪竇來華，我國士大夫階層信奉者頗眾。如徐光啟、李之藻、祝世祿等皆係著名之人士，南明時皇室原欲求援於羅馬教庭，但皆未果。

　　自唐至明，雖然基督教已傳入中國，但佛教在東漢時已傳入，唐時回教、祆教、摩尼教等皆傳入中國，而中國本土之道教等亦皆傳佈甚廣，因此社會風俗習慣，頗趨複雜。

第二章　近代中國文化史的轉變

第一節　西方文化自宗教改革後的演進

一、歐洲宗教改革的起因與成果

（一）

　　十五世紀的歐洲文藝復興，也促成宗教的文藝復興。因為歐洲文藝復興的起因，主要是由於十字軍東征，且有活版印刷術發明由中國傳入歐洲。歐洲文藝復興後，宗教的文藝復興，也隨之而來。由於喀皮斯（T. Kempis）所著《效法基督》一書，主張信徒應遵從主耶穌旳教訓，過著簡單的生活方式，促成信徒們認為行為重於教理，所以反對天主教原有的過於繁瑣的禮儀。所以宗教的文藝復興，乃信仰中加強人文的傾向，個人重於組織系統。

　　引起宗教改革的原因，一部份是導源於中世紀以來，天主教會內部積弊漸深。由情慾罪惡的綑綁，部份教士忽視屬靈生活。最顯著的例子如：教皇英諾森八世在位二十五年，有私生子八個；李奧十世出售教職，收入達一百萬美元之鉅，甚且為修建聖彼得教堂，出售贖罪券；供奉遺物（包括被認為真十字架的木料、主耶穌騎驢進耶路撒冷時的驢子所留下脛骨等），從而發生詐欺案件，這一類違反倫理教訓的罪行，自易引起純正信徒的不滿。另一主要原因，

乃是由於中古前期，奧古斯丁的神學理念中，認為人性墮落，不會有善行，唯有依賴神的恩典贖罪，並由神決定死後命運。而托瑪斯亞奎那的神學系統，則認為人不能獨力選擇善惡，沒有上帝恩惠，人必陷入罪惡深淵，因此領受上帝恩惠的聖禮，就絕對需要了。在七種聖禮之中，以洗禮、悔罪與聖餐為最重要，任何聖禮不能由教士以外的人實行。教士的權力乃繼承聖彼得的權力而來。馬丁路德宗教改革，是認為教士的權力太大，中古時代增加崇拜聖母、供奉遺物等戒律，也在反對之列。而十四世紀之初，法王菲力普第四世因與教皇邦尼腓斯八世發生爭執，竟將教皇逮捕，教皇羞憤而死，對於教皇權威打擊很大，宗教改革者認為信仰的虔誠，比教會彌撒重要。路德改教之前，牛津大學教授威克里夫為文主張教士可以結婚，堅持《聖經》乃是信仰的最高權威，威克里斯的主張傳到中歐，又由胡斯（John Huss）予以傳播，胡斯於一四一五年判罪焚死，對路德影響極大。此外，宗教改革的其他原因包括國家意識增長，不願教皇干涉內政，加以專制君主興起，又意圖沒收天主教龐大財產。

（二）

路德領導宗教改革之前，於一五〇五年探家返校途中遇暴風雨，遭雷擊倒地，恐懼上帝發怒而予以處死，乃立願獻身上主，遂進修道院，在痛加反省與靈修過程中，體認基督之被釘十字架之愛的真義，因此路德認為唯有用完全信心接納上帝的愛心，才會得救，而非靠個人的善行。所以因信稱義，成為路德神學的中心思想。路德從而致力於建立德國獨立教會。路德宗教改革成功，也獲得再施洗派的支持，因為再施洗派認為嬰兒受洗是無效的，必須達到具有達到有理解能力的年齡，受洗才有意義。

施洗派的信徒乃宗教方面的個人主義者，且要求信徒不說謊、不瀆神、不貪食、不淫蕩、不飲酒。而且希望目前的世界早日毀滅，另建公正和平的基督王國，所以此派信徒不要積聚財富，主張財富分享，他們拒絕承認階級差別，人人平等，反對戰爭，拒絕服兵役，甚至不向從事戰事的政府納稅，希望政教分立。

（三）

路德的宗教改革成功後，成為德國、丹麥、挪威、瑞典等國家的官方宗教。繼之而起的有瑞士的茲運理與喀爾文的改革。喀爾文教派係在日內瓦建立，主張信仰不要講究表面儀式，信徒應克勤克儉，實踐《聖經》教訓。在瑞士、荷蘭及英法等國，均能傳佈。英國的長老會，以及後來移民北美的清教徒，皆屬喀爾文派分支。而在英國，英王亨利第八另創英國國教派，即安立甘宗。宗教改革後，其影響所及與促成西方文化的演進，約有下列諸端：

宗教改革，成為基督新教，一五二三年以後，羅馬教宗克里門七世等幾任教宗，也進行其內部改革，例如禁止出售贖罪券，每一教區至少成立一所神學院。尤其耶穌會的創立，加速展開其對外的傳教工作，利瑪竇的來華，即其一例。耶穌會既能積極向外傳教，對近代基督教的海外宣教工作，更具刺激作用。尤其基督教傳入美洲，例如英國國教派於一六〇七年即傳入維吉尼亞州，秉承喀爾文教義，相信上帝是萬能而仁慈的，恪遵戒律，至善且樂，這種清教徒精神，正是美國建國的原動力。

宗教改革以後，教派林立，但是卻培養了互相容忍的胸懷。而且因文藝復興所引起人文主義，進而樹立了個人主義，新教亦重視維護自我表達意志的權利，開拓了言論自由的領域，思想界就不容易受到約束。新教更加速了學校教育的普及，不以文藝復興時期重

視古典文藝為限。國民文學的普及，使民眾均能自由閱讀《聖經》，《聖經》的流行乃急速上升，科學也隨之大為進步。

　　新教改革的促進西方文化的大步邁進。而瓦特發明蒸汽機，導致英國工業革命，西方文化隨著工業化的發展，主導了世界近代史以及現代史。

二、明末清初中西文化的交流

　　東西文化交流由來已久，中國重要發明早已西傳。而明萬曆中葉，耶穌會教士利瑪竇來華，介紹了西方天文學，以後尚有西人龐迪我、熊三拔等之傳入，但守舊派攻擊日烈，新舊之爭，甚至訴之重刑。清代康熙帝好西學，數學、物理學、輿地學，炮術、採礦術，以及藝術、哲學、語言學等，皆相繼輸入。但因康熙四十三年，耶穌會奉教皇命，不得參與祭祖，朝庭遂嚴禁傳教，西學亦隨之中斷。

　　利瑪竇對中國文化頗為熱心研究，而耶穌會教士克舍爾著有拉丁文中國圖誌，可供西人瞭解中國。同時四書五經等典籍，已先後譯為西文，德國哲學家萊布尼茲於一六七九年出版《新中國》一書，認為中國與歐洲兩大文化，可以互為補益，此實天命所在，更具哲學家之遠見。

　　中國在乾隆時期，國勢空前強盛，但乾隆寵信奸臣和珅，其人為中外歷史上空前大貪官，當其抄家清單統計，竟達八萬萬兩銀元，其時歐洲最富足之法國，其國庫僅等於中國銀元二千萬兩，僅及和珅財富四十分之一而已。乾隆中期的中國國勢，已由盛而衰。

　　乾隆中期，因國庫存銀五千萬兩以上，遂下令編纂《四庫全書》，由於清季文字獄，迫使中國第一流智慧，只好埋頭於故紙堆，三百多人最佳腦力，集中於《四庫全書》校訂，《四庫全書》雖為文化大事，而此際西方科學正在大步邁進，中國顯然落伍了。

　　西方萊布尼茲等哲人雖欣賞中國文化，但因耶穌會於一七六二年以後奉令解散，以致中國文化失去有力的西傳者，而法國學者得幾納於一七七四年著書懷疑中國史書失真，英國東方學者瓊斯於一七九〇年著論批評中國哲學幼稚，以致引起歐洲方面對中國文化的輕視。

　　不過兩次世界大戰後，西方對由中國道家及孔孟儒家，又再回頭重視。中國文化實際上是不可磨滅的，但亟待補充新活力。

三、鴉片戰爭以來，中國文化的衝擊與反應

　　乾嘉之際，朝政日趨腐敗。道光時期貪官污吏如直隸總督琦善，竟擁有二萬五千公頃的土地，土地愈集中，農民愈貧困，其時軍隊也一樣花天酒地。英國以鴉片輸入中國，中國每年白銀外流達千萬兩銀元以上，遂有林則徐的力主禁煙，林則徐為官清廉幹練，其強硬主張，終於引發鴉片戰爭。中國戰敗，簽訂南京條約。五口通商，割讓香港，賠額二千一百萬元。（時在公元一八四二年，道光二十二年）。

　　鴉片戰爭後不久，一八四三年，英國傳教士在上開辦墨海書館，翌年美國傳教士在寧波開辦美華圖書館，一八五〇年英人在上海辦字林西報，於是西方思潮又逐漸介紹到來中國。

　　西洋思潮既又傳入中國，於是中國社會新思潮，亦隨之而起：

(一) 林則徐重視西方資訊。除翻譯西方資料編輯四洲誌外，魏源撰述《海國圖誌》，此書國人不知重視，卻傳入日本，實即明治維新的張本。

(二) 魏源主張「師夷長技以制夷」，徐繼畬撰著《瀛境誌略》，系統介紹世界史地。梁廷枏則著論介紹英美國情。

(三) 吳其濬等重視科學研究，吳氏有《植物名實圖考》等書，鄒伯奇則著書論天文、曆法、地理之學，均能啟發國人重視科學的

風氣，文學方面魏源等著《寰海詩》，歌頌廣東人民抗英事蹟，均有激發愛國心的作用。

四、清末中國知識份子的覺醒與歧途

鴉片戰爭以後，英法聯軍焚圓明園。帝俄東侵，所訂璦琿條約，中國失地極大，面積尤大於整個東三省，中法戰爭，失去越南，英則乘機併吞緬甸，邏羅則宣告獨立。中日甲午戰爭，割讓台澎。最終義和團之亂，引起八國聯軍，訂立辛丑條約，中國賠款達四萬萬五千萬兩銀元，連同利息，達九萬萬兩銀元，中國至此可謂民窮財盡，淪為次殖民地。

外患日亟，而國內變亂頻繁。道光二十四年洪秀全組織「拜上帝會」，至咸豐元年（一八五一年）攻佔永安（蒙山），建號太平天國，咸豐三年，佔領南京，正式定都，號天京。因內部自相殘殺，歷時十六年終告滅亡，犧牲人命達兩千萬人以上。與太平天國同時，另有捻亂與回變，先後二十年方平定。

在外憂內患之際，中國知識份子的覺醒與歧途，情況相當複雜：

（一）

有清一代，初則顧炎武、閻若璩、胡渭等，排脫宋明理學羈絆，直接求之六經，開清代樸學端緒。乾嘉之世，經學吳派始於惠棟，恪宗漢儒，王鳴盛、錢大昕、江藩等承其緒。皖派則始自戴震，從其學者，有段玉裁、王念孫、王引之等。晚清俞樾、孫貽讓等，均嚴守其法。莊存與、龔自珍等倡今文派之漢學，不重名物訓詁，而重經中微言大義。

清代文字音韻之學頗盛。黃宗羲著《宋元學案》，《明儒學案》，為中國有學術史的開始。章學誠著《文史通義》，《中國史學理論》，

因之而大備。甲骨文發現，考據學大興。文藝方面，《紅樓夢》為一大傑作，晚清四大譴責小說，則揭發社會的黑暗面。

（二）

一八六一年（咸豐十一年）自強運動開始，歷時三十年，但至甲午戰爭而失敗，馮桂芬著《校邠廬抗議》一書，認為中國內政、外交、政治制度等是不如西方的進步，鄭觀應、王韜等人亦作如是觀。容閎於一八四七年赴美留學，為中國第一人留美畢業於耶魯大學。西洋學術雖經介紹輸入中國，但有些人則自大的主張「西學中源說」，認為西洋有的，中國早已有了。張之洞則以勸學篇提倡「中體西用說」。

（三）

馮桂芬的思想，上承龔自珍、林則徐、魏源。下啟康有為、梁啟超所從事的維新事業。孫中山先生幼隨其母赴檀香山，得以接受西方基督教文化薰陶，十八歲（一八八三年，光緒九年）至香港就學，畢業西醫學院（香港大學前身），先生國學基礎深厚，而英文造詣尤佳，倫敦蒙難後，在歐考察研究兩年，先後環遊世界四次，七度訪美，居日共九年，其個人學養、品德均屬第一流，創立三民主義、五權憲法，誠如世界著名人類學家濟斯爵士在其名著《進化與倫理》一書指出：孫逸仙博士的三民主義，實屬中西文化交流的結晶。美國思想家林伯樂博士，在其名著《孫逸仙博士的政治理論》一書，結論指出：「唯有孫逸仙博士的三民主義，才是解決世界問題的最佳方案。」但是清末中國知識份子，一方面有守舊派之「西學中源說」，一方面有康梁保皇派，又有「中體西用派」，孫中山先生領導革命，雖然推翻滿清專制政體，建立中華民國，但是中國人的苦難仍方興未艾。

五、基督教傳入中國的影響與所遭遇的困難

自唐宋元明以迄清季，在鴉片戰爭前一百二十年，清廷禁止基督教傳播。一八四四年中法黃埔條約，法國人在通商口岸首建教堂。其後清政府與俄美英法簽訂天津條約，均准傳教。在此之前，英教士馬禮遜已早於一八〇七年（嘉慶十二年）抵廣東傳教，並翻譯中文《聖經》。

十九世紀七十年代中國新教徒尚未超過一萬人。美國林樂知為鼓吹「孔子加耶穌」之第一人，曾謂：「五倫五常，吾教與儒教同重矣。儒教君子三戒，與吾教上帝十誡旨有相同者。」至十九世紀末，中國天主教徒已有七十萬人，新教徒八萬人。

而十九世紀四十年代，通商口岸已辦有教會學校，一九〇〇年前，教會學校總數已達二千餘所，學生四萬人以上。一八六五年長老會在山東辦文會館（齊魯大學前身）。民國初年，教會學校已達六千餘所，大學十三所（東吳、聖約翰等）實為培養中國現代化的主力。

教會除了辦理學校醫院之外，更發行報刊，介紹新知，例如林樂知辦《上海新報》，以及艾約瑟等辦《萬國公報》，該公報歷時三十餘年，中國早期之維新及革命人士，如王韜、康有為、梁啟超及孫中山先生等均受其影響。發行《萬國公報》的上海廣學會，在韋廉士、李提摩太等主持下，多方介紹新知，為晚清知識份子的主要知識來源。清政府所設同文館，在總教習美國人丁韙良主持下，提倡新式教育，翻譯《萬國公法》等法政書籍，均為促進中國現代化的重要力量。

基督教傳入中國，對中國現代化發揮推動力，但由於列強對華侵略引起反抗，卒釀成義和團之亂。民國成立，孫中山先生奠立了

中國民主的基礎。民初各種報刊達五百餘種，政黨社團三百餘個。孫中山先生二次革命失敗，袁世凱竊國稱帝，偽裝尊孔。袁暴斃後，軍閥割據，孫中山先生於民國十年在廣州就任非常大總統，因陳炯明叛變，北伐無成。此後蔣中正先生繼承革命大業，民國十六年北伐勝利，而定都南京。當時基督教遭遇下列困難：

(一) 嚴復介紹西方學說，翻譯八大名著，其中《物種源始》、《天演論》等書。以及萬國公報也最早介紹馬克斯學說，均係助長無神論思想的擴張。

(二) 五四運動，陳獨秀等大力介紹馬克斯學說，中共於民國十年成立，同時全面反對儒家學說，反對孝道，引發中國走向蘇俄的道路。而民國初年，無政府主義等思想也很流行，國人思想，十分龐雜。

(三) 北伐成功後，一股反基督教運動掀起，迄今基督教在中國，信徒人數向來偏低，天主教自唐朝傳入中國，迄今一千三百餘年，新教傳入亦逾二百年，但所佔人口比例，皆在百分之五左右。（但在五十年代以後，已有增進。）

第二節 當代中國文化危機與轉機

一、五四運動以來中國走在歧途上的省思

五四運動雖係學生的愛國運動，但在思想界卻掀起大波浪，有所謂吳虞「隻手打倒孔家店」，西方各種主義紛紛被介紹到中國，除無政府主義，還有國家主義等等。共產主義思想，則由郭沫

若翻譯日本馬克斯主義經濟學家河上肇的《社會組織與社會革命》一書，間接傳來中國；羅素及杜威先後來華講學；胡適提倡白話文；民國九年掀起科學與玄學的人生觀論戰；李石曾等發起勤工儉學會，周恩來、鄧小平等前去法國讀書，俄共則在民國十四年孫中山先生逝世後，成立孫逸仙大學於莫斯科，招收一批學生前往留俄。其後又有社會史論戰，中國本位文化建設宣言發表後的論戰，復古與全盤西化論點都提出。前滬江大學校長劉湛恩博士主張中國建立基督教文化。

國民政府雖秉承孫中山理念，推動國家建設，但制度不健全，土地問題等均乏有力解決，又有中原大戰，兩廣異動等事件，加以中共已在江西成立蘇維埃，而有五次圍剿，結果中共到了延安，民國十九年左翼作家聯盟成立，中共以文藝爭取青年。尤其日本以神道文化立國，企圖滅亡中國，發動「九一八」、「一二八」、「七七」等事變，對中國瘋狂侵略。日本雖然敗亡而投降，但不過四年時間，大陸為中共所統治，國府退守台灣，形成兩岸對峙局面。

一九四九年中共政權成立，中經土改、抗美援朝、三反五反、三大改造、三面紅旗、十年文革，以至四人幫倒台、毛澤東逝世。鄧小平、江澤民、胡錦濤繼起。台灣則經過兩代蔣總統，而至馬英九。中國在歧路上，下列諸端值得省思：

(一) 國民黨在大陸何以失敗？中共統治由毛澤東時期一窮二白，到了鄧小平時期改革開放，由於蘇聯解體，中美關係日趨互動，中國將來究應往何處去？

(二) 香港回歸後，澳門亦回歸，兩岸關係如何維持和平，而達到統一？

(三) 民族問題，實即文化問題，江八點及李六條均提中華文化，如何以中華文化統一中國？

二、現代中國文化生態與學術思想的剖析

（一）

由於民國成立，殘餘封建勢力與舊觀念，加上西方學說，紛紛介紹到中國，所以民初思潮，可再加簡析，首即自由主義，次則科學主義，政治理論頗多派別。更有復古思想的反撲。因此民初文化生態是在一種不穩定的狀態，缺乏中心思想與國人共識。再加探討，輪廓如次：

1. 西洋哲學之介紹，首倡者為清末嚴復、梁啟超等，繼之為李石曾介紹的俄人克普泡特金的互助論。王國維介紹叔本華、尼采，張東蓀介紹柏格森，胡適介紹杜威實驗主義，張君勱則治黑格爾哲學。治西洋哲學，造詣最高者，當推金岳霖、陳康等人。而梁啟超重視墨學。馬一浮闡揚理學，熊十力潛研易學，均卓然有成。

2. 社會科學方面，孫本文的社會學，黃文山的文化學，陳達專攻中國勞工問題，顧頡剛等組織禹貢學會，研究邊疆部族。

3. 文學方面，王闓運、章炳麟（太炎），劉師培、易順鼎、陳三立、陳衍等之文與詩。新文學運動則由胡適加以倡導。魯迅、謝冰心、俞平伯、朱自清、徐志摩等，皆屬名家。

4. 自然科學方面，清末已譯出棣磨甘之數理學，候希勤之談天，盧俠兒地學淺識，蒲陸山之化學分原，田大里之聲學、光學、電學。接著上海徐家匯天文台也成立了。民國十六年中央研究院成立，蔡元培為首任院長。

(二)

孫中山先生的三民主義，至民十三年一月，始作較有系統演講，但原稿則毀於陳炯明的叛變。國民政府成立後，實行黨義教育，周佛海著《三民主義的理論體系》，頗為流行。而戴季陶著《孫文主義的哲學基礎》，胡漢民著《三民主義的連環性》，均為一時名著。

前上海復旦大學校長李登輝博士首先翻譯三民主義為英文，美國畢範宇博士另作翻譯，為英語界流行本。中山先生業師康德黎博士著《孫逸仙博士與新中國》，日本宮崎寅藏著《三十三年落花夢》，以及林百克著《孫逸仙傳》，均能引發西方人士之研究孫中山先生學說。

蔣經國留俄時，以一個十七歲少年，面對三千聽眾，以流利俄語發表演講，題為「孫逸仙的偉大」，當時頗為轟動。民國二十四年蔣中正在盧山訓練團講述「總理遺教六講」，帶動國人對中山思想的研究。

抗戰時期國人研究中山思想之著作已逾八百種，名政治學家楊端六教授乃編著《三民主義書目》一書，以供各界參考。

(三)

共產主義理論，由李大釗等大力介紹後，不久陳望道翻譯「共產主義宣言」，王亞南、郭大力翻譯《資本論》，以及列寧《帝國主義乃資本主義的最後階段》等書，加上艾思奇的《大眾哲學》，還有茅盾、巴金等文藝作品，均影響青年思想。抗戰時期，三民主義青年團，固然號召了青年加入中國國民黨，但是不少青年更奔向延安。

毛澤東出生農民家庭，十三歲時受其父追打，幾乎要跳河逃生。十八歲，參加了辛亥革命時的湖南軍隊，曾寫大字報擁護孫中

山為中華民國大總統。一九一四年，考入湖南第一師範，畢業後曾入北京大學圖書館為圖書管理員，喜讀《三國演義》與《水滸傳》等古典小說。熟讀《資治通鑑》，抗戰時期，發表「論持久戰」，提出新民主主義，以及提出實踐論及矛盾論的哲學觀，對國民黨的鬥爭，採取「以農村包圍都市」，終於在一九四九年建立中共政權。

鄧小平時期，提出「有中國特色的社會主義」的主張，以改革開放，建立社會主義的市場經濟。

中共推崇孫中山先生為革命先行者，大陸各地均有「孫中山研究協會」等組織。中山先生在南京的「總統府」，廣州的「總統府」原址，均作文物保護重點。中山陵更為觀光勝地。

三、中國文化在危機中的轉機

中共文化大革命時期，整個大陸文化大受破壞，知識份子被貶為「臭老九」。四人幫倒台後，情況逐漸改善，師承孫中山先生實業計劃宗旨，歡迎外資。多年來外資進入大陸，超過二千億美元以上，所以沿海各地頗有欣欣向榮之概。但大陸環境破壞嚴重，森林砍伐過甚，水土流失，幾佔全部面積的三分之一。當前海峽兩岸的文化轉機可從三方面窺其端倪：

一九八〇年以後，北京先後成立孔子基金會，孔子學會等機構，一九八六年首屆「中國文化研討會」在上海舉行，大陸掀起文化熱。居留大陸之新儒家主要人物包括熊十力（一八八五～一九六八），重建新儒學的哲學形上學，主張「體用不二」，開拓「內聖外王」，其學生唐君毅、牟宗三、徐復觀均成新儒學中堅，馬一浮（一八八三～一九六七）、梁漱溟（一八九三～一九八八）、馮友蘭（一八九六～一八九〇）、賀麟（一九〇二～）等人亦均成為新儒家重鎮。而

著有《新儒家思想史》的張君勱（一八八七～一九六九）則長期居於國外。

一九四九年大陸變色之前，下列諸人則到了香港或台灣：錢穆（一八九五～一九九〇）、方東美（一八九九～一九七七）與唐君毅（一九〇九～一九七八）、牟宗三（一九〇九～一九九五）、徐復觀（一九〇三～一九八二）等皆一代大師。而劉述先（一九三四～）亦熊十力晚年學生，蔡仁厚（一九三〇～）則為牟宗三最得力門生。杜維明（一九四〇～）則力倡儒學三期復興。余英時（一九三〇～）成中英（一九三五～）等人，研究儒學。均大有成就。

對於孫學研究，自從一九七九年十一月，在奧地利召開「第一屆國際孫逸仙博士學術研討會」，由德國孫學專家金特曼博士主持，近百名國際著名之歐美各國學者專家均出席，其後香港、台灣、大陸、日本、新加坡及美國，均多次舉行孫逸仙學術研究會。廣州撥出一萬五千坪土地，（約五公頃）興建「國際孫逸仙研究中心」，預計樓高四十五層。日本孫中山紀念館興建後，孫學研究日趨熱烈。

蘇俄孫逸仙研究，向由蘇俄科學院遠東研究所主持。美國方面，一九八九年由希伯萊大學教授史扶鄰博士等十餘位國際學者合著之《孫逸仙學說與當代思潮》出版，愈益引起歐美學者孫學研究之重視。旅美孫學專家張緒心教授與美國學者高理寧教授，以長時期遍訪各國主要圖書館，搜集全球各國有關孫中山先資料，涵蓋十九種文字，共六千餘種著作，編成文獻目錄，一九九〇年由美國大學出版社出版，目錄出版後立即銷售一空，再版三版，均供不應求。張緒心教授與高理寧教授合著的《天下為公——孫中山生平及其思想》一書，更屬佳評如潮，為九十年代一大名著。

　　八十年代以來，大陸基督教傳佈大有起色。一九五〇年七月，以吳耀宗為首，發表「中國基督教在建設新中國中努力的途徑」宣言，其後成立「中國基督教三自愛國運動委員會」，一九八〇年則成立了「中國基督教協會」，近二十年來，大陸由於開放改革，中國家庭信徒教會聚會，較有自由，信徒人數估計近億，但在大陸十三億以上人口比例仍低。

　　台灣方面基督徒人數，估計亦僅二百餘萬人左右，但人數正不斷增加中。而基督教教育事業，不但培養很多神職人才，而且各種有關闡揚基督教教義之書刊專書，成果可觀。佈道家如宋尚節，倪折聲諸先生，其著作均具相當吸引力。

第三章　二十一世紀中國文化的新頁

第一節　基督教文化傳入中國的再檢討

　　基督教傳入中國，天主教在前，新教在後。二十世紀以來，天主教已產生華人樞機主教，有田耕莘、于斌、現為單國璽，天主教組織，有一貫系統。而新教則派別繁多，包括路德宗、加爾文宗、英國浸禮會、英國長老會、衛理公會、內地會、中華聖公會、愛爾蘭長老會、美南浸信會、美以美會、美國公理會、美國長老會、貴格會、教友派、基督復臨派、救世軍等。但舊教新教，若能遵照《聖經》教訓，一切回歸《聖經》，則任何問題均不難解決。

　　中國古代經典與《聖經》內涵，原多吻合。唯自秦漢以來，歷經隋唐佛學影響而有所演變。宋明時期，出現第一代新儒家，包括北宋五子，南宋朱陸，明代王陽明等人。清末熊十力等列為第二代。大陸中共政權建立之際，到達香港及台灣等地之唐君毅等列為第三代。現在散居海內外之杜維明等列為第四代。在台灣培養的如牟宗三學生蔡仁厚，以及《鵝湖月刊》編者王邦雄等，則屬第五代了。大陸方面，則有湯一介等，儒學研究，也在加強之中。台灣方面，有中華文化復興總會之設置。但新儒家惜均未能真正發揮儒學天道之真諦。

　　兩岸神學研究之專家學者，均有建立本色神學的想法。本色神學主要目的在建立適合民族文化歷史傳統的宗教哲學。茲試舉例加以探討：

　　一、宗教哲學家謝扶雅教授，探討三位一體，認為聖父乃靜態，聖子則為動態，與中國陰陽觀念相通。以中國孝道解釋聖父聖子關係，以中國心學解釋聖靈，可知儒學與《聖經》互為印證，亟待加以發揮。

　　二、孫中山先生早歲受洗入教，其思想體系，具有神學基礎。誠如章力生博士在所著《孫文主義之神學基礎》一書指出：「中山先生不但為我們中國『民族革命』、『政治革命』和『社會革命』首領，同時可說是中國民族『心靈革命』、『宗教革命』和『思想革命』的首領」。以上觀點，實屬中國基督徒均應有此認識。

　　三、當代新儒家，已對西方哲學尋求契合的管道。諸如：賀麟認為中國哲學與西方哲學，都是人性的最高表現，他力求將康德及黑格爾哲學注重道德評價和直覺體悟的陸王心學相結合，又用新黑格爾主義的心物論，重新說明心體物用與知行合一。牟宗三謀求儒家傳統與康德哲學融洽等等，都可以開拓更深入的釋示。

第二節　建立中華基督教文化新體系的認識與努力

一、建立中華基督教神學

　　基督教神學，前有舊約神學，後有新約神學。神既賦予人類的自由意志，自可以其聰明智慧，對《聖經》內涵，多方詮釋，以求至當，因之，乃有拉丁教會神學，以至奧古斯丁神學、托瑪斯、阿奎那神學、馬丁路德神學、加爾文神學等等不同角度的看法，為適應各民族文化程度的差異，各種神學理念，自有不同觀點，但以不

違背《聖經》宗旨，一切以回歸《聖經》為前提。則中華基督教神學的建立，自有其必要性。

新教以後的神學，流派很多，例如馬丁路德提出十字架神學，爾後，系統神學、基要神學、社會神學、文化神學、自由主義神學、正統主義神學、新正統主義神學、解放神學、婦女神學、黑人神學等等。因為解釋《聖經》，由於體驗及靈性，有時難免有偏差。前紐約神學院院長班納脫氏，依據使徒行傳所載，「使徒時代時信徒財產公有」，班氏據此，認為共產主義合乎《聖經》，即因忽略共產主義的無神論的錯誤，而致引喻失當。

新儒家如馮友蘭中國哲學史研究，依據中國典籍言「天」、言「帝」，認為乃係中國民族固有宗教信仰，相信上天係指「有人格的上帝」。此一解釋，與人格主義神學頗為類似。人格主義神學，係二十世紀初期流行於美國的自由主義神學思潮中分化出來的諸多流派之一。以人格主義哲學為基礎，主張人格為有神論中心，一切道德倫理都可從人格的絕對價值中，引伸出來。以馮友蘭氏的研究為例，足以說明中華基督教神學，可從中國儒家天道觀念以及老子道德經的哲學，發掘新的因素。

(一) 年逾九旬徐松石牧師，所著《基督教在中國的前途》等多種，尤其探求基督教與三民主義相連結，不啻為中華基督教神學的內涵，開拓另一領域，值得繼續深入研究。

(二) 旅美新儒家中生代人物之一的成中英教授，原受教於哈佛大學的邏輯分析哲學大師奎因教授，秉承本體詮釋學的理念，對自施萊爾馬赫以來的解釋學理論之詮釋循環，促成其本體與方法，整體與部份的互動。成中英的本體詮釋學，著重於中國哲學的現代化與世界化，成氏如能對基督真理，另作一層體認工夫，必有更好表現。

(三) 旅美華裔神學家黃梓洋博士，名著《基督教神學與中國文化》一書，對中國文化與西方神學，加以融會貫通，顯示兩者相得益彰。

二、展開二十一世紀中國文化的新頁

中國文化源流長達，與巴比倫、埃及、印度等古代文化相比較，至今巍然獨存，而且一脈相承，從天道、人道，而進入治道。雖然歷經變亂，仍能復興。中國人口現已逾十三億，台灣亦逾二千三百餘萬人，兩岸文化由於儒學復興，基督教無論舊教、新教，亦皆日趨興旺，且與其他宗教皆能和平相處，這是一種很好的現象。

美國以基督教立國，地大物博，實力雄厚。中美兩國關係現正日趨密切，雖然國際關係複雜多變，但在「地球村」時代形成後，尋求世界大同的努力正在加強之中。若以中華文化基督化，從而帶動世界基督化，則福音傳遍天下的時刻將可到來。

建立中華基督教文化新體系的新認識與新努力，初步進展有下列諸端：

(一) 以中華基督教文化新體系，促進儒學復興且具新內涵，對世界性的民族、民權、民生三大問題，做合理的解決。

(二) 一八九五年「世界基督教學生聯盟」成立，總部設於日內瓦。一九四八年新教各教派在荷蘭阿斯特丹召開會議，成立世界基督教協進會，總部亦設於日內瓦，六十年代俄羅斯正教會也參加為會員，現有會員三百餘單位。

(三) 一八九三年「世界宗教大會」第一次舉行於美國芝加哥。一九
　　九三年第二次大會，仍在芝城舉行，二十世紀末的九九年大會
　　於十二月一日至八日在南非好望角舉行。

(四) 促成世界文化基督化，先由中華文化基督化做起，同時對猶太
　　民族與阿拉伯民族原係兄弟之邦，回教可蘭經之精髓來自基督
　　教《聖經》，回教的阿拉真主，直指亞伯拉罕的上帝，以撒的
　　上帝，雅各的上帝。是以猶太教與回教允宜儘先回歸《聖經》，
　　而成為世界基督化的生力軍。從宇宙倫理到家庭倫理，形成人
　　類行為的新模式，從而挽救現代文化危機於無形。

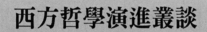

西方哲學演進叢談

第一章　西方哲學的淵源

第一節　希伯來信仰

　　希伯來信仰的結晶，在於以希伯來文寫成的舊約，最早為《摩西五經》，完成於公元前一千四百年，為世界上最早宗教經典。較之印度教的《黎俱吠陀》（聖歌集），早約五百年。亦早於佛教的經典九百年。從創世紀以迄啟示錄，歷時逾一千五百年。《舊約·耶利米書》第二十三章記載：「耶和華的話，臨到耶利米說，天上的萬象不能數算……」，今日科學家以二百吋以上的望遠鏡，觀察銀河數目，達數十億之多，這正說明《聖經》已觀察宇宙萬象，顯示創造的大能。

　　《新約》是以希臘文寫成，其重心在於耶穌基督的教訓。耶穌道成肉身，集神性人性於一身。從人性言，耶穌一生言行，顯示其思想的完美。一方面有人倫道德，事親至孝，四福音書中，耶穌所講倫理道德教訓，達四十餘次之多，不但論禍福（登山寶訓），重禮讓，故在約但河要受施洗約翰之洗。而且耶穌的人生觀，乃博愛的人生觀，捨己為群。另一方面，耶穌也重視科學的理念，所以耶穌的教育方法，循循善誘，好作比喻，引人入勝。思想方法，重視科學分析的思考。而耶穌的天國思想，更預示人類的本來。

　　《聖經》完整地顯示基督真理，由於耶穌生於羅馬統治猶太的時期，猶太人已完全薰陶於希臘文化的潮流中，一位猶太人斐洛，生於公元前二十五年，卒於公元後五十年，畢生以猶太教觀念，解

釋和研究希臘哲學和文學。斐洛肯定上帝是絕對超然的存在，人們只能相信它，而不能用思想或言語來規定它，上帝乃萬物源頭。斐洛的思想成為東西方文化的集大成者，因為斐氏將希臘思想輸入於猶太教中。

第二節　希臘哲學

一、希臘早期哲學

　　希臘早期哲學約在公元前七至六世紀始發，計有以泰來斯為代表的米利都學派，提出世界本源問題，也闡述了邏各斯（道）的理論。畢達哥拉斯學派，提出「數」的理論，以及靈魂、和諧等學說。又有愛利亞學派，提出「存在」和「靜止」理論，更有以德謨克利持為代表所提出的原子論。

　　希臘古典時期哲學，約在公元前五世紀，集大成者有下列三人，為希臘哲學的黃金時代：

(一) 蘇格拉底（公元前四七一～四〇〇年），慣於在各種場合與人討論戰爭、政治、婚姻、友誼、愛情、藝術、詩歌、宗教等問題。蘇氏雖無著作留下，但由其學生將其言論記載下來。蘇氏思想重點認為美德即知識。

(二) 柏拉圖（公元前四二七～三四七年），柏氏辦了一所柏拉圖學園，為歐洲文明史上第一所固定學校。校門前題詞：「不懂幾何學的人，請勿進入」。其著作有《申辯篇》等二十四篇為親著，其他乃偽作。至於所著《理想國》一書，最為著名。柏氏

思想重點，把「思想」和「存在」，看成二元，於是世界有「觀念界」與「感官界」的對立，人乃有肉體和精神的劃分，而把人置於宇宙二元之中。及從理論到實踐，由人性與人生，發展出國家與社會的觀念，而形成「理想國」，並創通往上天之路。柏氏指出：「人生追求的是真、善、美！」柏氏最早提出「優生學」，認為知能低劣和壞人，都沒有資格結婚，以免留下壞的後代。其後的新柏拉圖學派，也就特別注重行為問題。

(三) 亞里斯多德（公元前三八四～三二二年），亞氏不滿老師柏拉圖為解釋知識而創的觀念論，柏氏重視宇宙的架構，亞氏則重做人的道理，所以亞氏也就首先建立了有理論體系的「倫理學」。亞氏著述繁富，初期著作，討論過靈魂的先天性及不死性，中期著作則批評了柏拉圖的觀念論，並提出自己的宇宙論，更有《雅典國策》一卷，提出一百五十八種國策，（此書遲至一八九一年才被發現）。後期著作，則有五大類，包括邏輯，自然哲學（物理學），形上學（第一哲學或神學），自然神學（論天、論生滅，論氣象，動物史），倫理學及政治學（系統倫理學，古倫理學，大倫理學，論政治，以及演說術，論詩歌等語言學著作）。亞氏認為哲學最艱深的問題，便是討論宇宙之間的最終目的，亦即「神」，亦即「神學」或稱第一哲學。

二、希臘晚期哲學及古羅馬哲學

(一) 伊魯鳩璧的原子論及快樂主義。伊氏（公元前三四一～二七〇年），接觸過柏拉圖及亞里斯多德的學說，也創辦了一所伊魯鳩璧學園，一生在此講學，認為哲學任務，在於提供為人達到幸福之路的途徑，而研究自然及其規律，即為達到幸福的前提，所以

伊氏把哲學分為三大部份，即物理學、邏輯學與倫理學，而以原子論貫穿之。因為原子論乃物質世界的客觀存在，永恒而不滅。

(二) 斯多阿學派，由塞浦路斯島人芝諾（公元前三三六～二六四年）所創，反對伊氏的原子論，主張以宿命論為中心的倫理學，認為倫理學才是哲學的中心。因為人與宇宙本為一體，人應服從理性，不為物慾所蔽，所以反對快樂主義。此派認為火是宇宙的原始，上帝就是原始的火，使之生成宇宙萬物。

(三) 折衷主義派，此派流行於公元前一世紀的羅馬，以西塞羅（公元前一〇六～四三年）為代表，塞氏為一律師及政治家，此派贊成斯多阿派的「神思」和「天道」思想，相信神為最高主宰，靈魂不死，認為人的美德，在於以理性控制慾望，道德觀念乃天賦觀念，可為任何時代，任何民族所共有。此派也贊成貴族、君主及民主派的聯合政體，主張「等級和睦」，但反對與奴隸及平民平等。前述之斐洛，亦為折衷派的佼佼者。

第三節　使徒保羅思想

保羅原名掃羅，出生於小亞細亞大數城，全家享有羅馬公民權，父為敬虔的法利賽人，少時被其父送往耶路撒冷，師從當時著名經師迦瑪列，受業六年，並學習希臘哲學，和東方神秘宗教學。作為猶太人的法利賽派一份子，掃羅參與殺害信徒司提反等事件，司提反遇害後，掃羅積極參與摧毀教會工作，由大馬色猶太會堂，授權其逮捕基督徒，押送耶路撒冷。

當掃羅攜帶大祭司特許信，前往大馬色城途中，遇到由天上來的召喚聲音，撲倒在地而且失明，經大馬色城一位信徒亞拿尼亞的

按手而復明，從而接受洗禮，成為耶穌門徒，並改名保羅。自是開始宣道，極具說服力。初期在安提亞教會佈道，信徒倍增，此際人們首先把耶穌信徒稱為「基督徒」。保羅並以安提阿教會為基點，先後向地中海沿岸，進行旅行佈道，參與者，包括馬可、提摩太、提多、路加等多人。沿途建立教會，尤其向非猶太人（外邦人）佈道，首先向希臘、馬其頓等地傳佈，為基督教向歐陸傳佈舖路。公元六六年，保羅終為羅馬皇帝尼祿所殺而殉道。

保羅作為基督教史上的第一位思想家，其神學思想基於下列重點，且影響到西方哲學與神學：

(一) 保羅在《哥林多前書》第十五章論及耶穌的復活。比四福音書所記為早，乃有關復活的最早文獻。尤其《羅馬書》指出：外邦人（指受希臘、羅馬文化薰陶之人）追求哲理，但做不該做的事，猶太人依靠律法，反而違背律法，唯一的救法乃「因信稱義」這一條路的道德力量，得到新的生命。

(二) 保羅基於因信稱義的理念，所以其所寫許多書信，暢論教會內部派別之爭，信徒與訴訟，使徒的權利與責任，論愛、論婚姻，以及勸導遠避淫行等等，提供了人類行為道德的各項依據。

(三) 保羅進而提出基督徒三大要件，便是信望愛三者，此即基督教倫理學的最高準繩。保羅的神學信念影響了西方哲學思想，對於西方神學思想，影響至為深遠。

第二章　西方哲學的發展

第一節　中世紀哲學

由於公元五二九年，東羅馬帝國皇帝下令封閉雅典柏拉圖學園，宣告柏拉圖學派的結束，亦即顯示希臘及羅馬思想的告一段落，中世紀的哲學，隨之而起。

中世紀時期，教會獲得西歐三分之一的土地，而且向居民抽「什一稅」，教會並主導哲學、文學、法律、政治等各方面意識形態，乃有早期經院哲學的產生：

一、教父學

公元三一三年羅馬皇帝君士坦丁，頒布「米蘭敕令」，承認基督教合法地位。公元三九二年皇帝狄奧多西，下令確定基督教為羅馬國教。由於使徒彼得、保羅等全力傳播福音的影響，第二世紀中葉開始，信徒中有不少專家學者，將福音系統化，解說者被尊稱為教父，其神學理論被稱為「教父學」，基督教義中有關創世說、原罪說、救贖說，三位一體說等均由教父學所闡揚。

特土良（或譯德爾圖良，公元一六〇～二二二年）為教父學開創人，首先提出三位一體，亦即上帝本身，上帝與道，乃先在永在。物質不過是被造之物。

奧古斯丁（公元三五四～四三○年）為教父學代表人，宣揚創世說，更認為上帝具有三位不同的「位格」，即聖父、聖子、聖靈，其同一本體，即上帝。主張原罪，人不能自救，唯有靠上帝恩典。又提出預定論及命定論，一切皆由「天命」。人類誕生之後，上帝創造「上帝之城」與「塵世之城」，前者即「天國」，後者乃塵世，教會即「上帝之城」的體現。故教會的權力，應高於俗世的權力。奧氏神學，為中世紀經院哲學奠定基礎。

二、經院哲學

波愛修斯（公元四八○～五二四年），其人乃一神學家、哲學家、邏輯學家，又是政治活動家，曾任羅馬元老院領袖。主張「萬物的根源為上帝」，認為上帝以理性統治宇宙。

愛留根納（公元八一○～八七七年），曾任巴黎宮庭學校首席教授達二十五年之久，被稱為「中世紀哲學之父」，肯定「上帝乃唯一和最高的存在」。主張信仰與理性，神學與哲學，皆應加以統一。

安瑟倫（公元一○三三～一一○九年），曾任英國諾曼第修道院院長。主張信仰高於理性，提出「上帝存在」的「本體論證明」，認為人的心中，有上帝的觀念，亦即證明上帝的存在。上帝又是最高的實在，故安氏乃早期實在論的代表。

羅瑟林（公元一○五○～一一一二年），與安瑟倫實在論相反，主張只有個別事物，才是客觀的存在。因此主張「三位一體」不是一個實體，乃主張「三神論」。學生阿伯拉爾發揮其說。

托瑪斯、阿奎那（公元一二二五～一二七四年），為正統經院哲學的最高權威，在巴黎大學獲神學博士學位。主張理性對象為「自

然真理」，而信仰對象，乃「啟示真理」，但兩者最終實體和泉源，都是同一的上帝。

三、文藝復興時期哲學

（一）

　　文藝復興運動前，由於反正統神學思想產生，諸如：由阿拉伯哲學傳入西歐，阿威洛伊（公元二一二六～一一九八年），氏為亞里斯多德註釋家。認為物質在時間上，無始無終，「真主」乃在時間上，順序先於世界，予世界以「第一次推動」，而不是創造世界。西格爾（一二三五～一二八二年），為巴黎大學教授，認為物質、時間、運動等是永恒的，上帝不能從「無」中創造世界。英國羅吉爾、培根（公元一二一四～一二九四年），任教於牛津大學，推崇科學實驗。強調科學對象為個別具體事物，而非抽象的「實體」、「本質」，因此認識須從具體事物出發，經驗乃知識泉源。羅氏的唯名論及經驗論，促使經院哲學趨於被淡化。

（二）

　　文藝復興運動過程中，人文主義思潮興起，以詩人但丁（一二六五～一三二一年）為先驅。其後，哲學家瓦拉（一四〇七～一四五七年）反對宿命論，主張自由意志，反對禁欲主義。莎士比亞熱情地讚嘆人的理性高貴。由於十五世紀歐洲文藝復興，宗教改革也接踵而至。

（三）

宗教改革主要兩大思想家之宗教哲學：

馬丁路德（一四八三～一五四六年），其基本理論為「因信得救」，上帝乃唯一信仰對象，而非理性對象，因為上帝旨意超越理性，《聖經》乃最高權威。

加爾文（一五〇九～一五六四年），認為上帝不但是萬物創造者，而且是萬物直接管理者，一切皆由上帝於創世之初，預先決定，一經確定，永不改變，具有永恒的必然性。但是人不能聽天由命，而應積極努力，勤奮工作，在「預定論」之上，追求「因信稱義」。

（四）

自然哲學方面的代表人物有：

庫薩的尼古拉（一四〇一～一四六四年），曾任羅馬教會的紅衣主教，但主張泛神論，認上帝為萬物的本質，萬物在上帝之中，上帝又展現為萬物。

倍爾那狄諾‧特勒肖（一五〇九～一五八八年），曾獲博士學位，並在家鄉創辦一所科學院，認為世界乃物質的，物質乃一切事物的永恒基礎。主張「兩種靈魂說」，不朽的靈魂，接受「神的啟示」，獲得信仰知識，即「啟示真理」，物質的靈魂，接受外界事物作用，獲得世界知識，即為「自然真理」。

布魯諾（一五四八～一六〇〇年），青年時期曾在修道院為修士，因以泛神論，主張神與宇宙及自然界等同，神存在於自然界之中，自然界並非神所創造。布氏後被宗教裁判所判處死刑。

第二節　近代英國經驗論哲學

十六世紀至十八世紀為西方哲學的轉捩期，十六世紀中期，一五四三年哥伯尼的「太陽中心說」發表以後，一五六〇年意大利「自然奧秘學院」成立，接著羅馬科學院成立，一六六二年英國皇家學會及法國皇家科學院，先後成立。柏林科學院則成立於一七〇〇年。於是經驗論哲學大興。

英國經驗論哲學主要有下列諸人：

法蘭西斯・培根（一五五一～一六二六年），培根的主要貢獻，在於提出歸納法的原理，對於認識的對象，起源、過程、方法，皆進行了探討。認為一切知識來源，來自感官外部世界的感覺。

托馬斯・霍布士（一五八六～一六七九年），霍氏繼承培根傳統，以伽利略機械力學原理為指導思想，以歐幾里得幾何學的方法為依據，認為宇宙由有形的形體所構成，反對「無形體的實體」，「非物質的實體」，故主張「無神論」。

約翰洛克（一六三二～一七〇七年），一六五二年洛氏進入牛津大學基督教會學院讀書，喜研究醫學與實驗科學，與科學家牛頓等多交往，反對天賦觀念及君權神授說。但洛氏排斥無神論，信仰上帝啟示的真理，認為上帝的觀念，也是理性的昭示。

喬治巴克萊（一六八四～一七五三年），一七〇〇年就讀於都柏林三一學院，獲博士學位，巴氏從認識論角度，論證神學原則。以「存在即被感知」，批判無神論，指出「上帝是自然實在性的保證」。

大衛・休謨（一七二一～一七七六年），曾肄業於愛丁堡大學，二十一歲即撰述其主要哲學著作《人性論》。其哲學係沿襲經驗論

路線，以經驗論，懷疑和否定一切超經驗實體的存在。認為觀念是印象的摹本。休謨認為上帝的存在無法證明，但是宗教對社會仍有安定人心的作用。

第三節　近代歐洲大陸唯理論哲學

經驗論哲學在歐洲流行之際，另有唯理論興起，共同目的均在反對經院哲學。

勒奈・笛卡兒（一五九六～一六五〇年），為西方近代哲學創始人之一，曾入耶穌會創辦之公學讀書，主張以「實踐哲學」，代替經院哲學的「思辨哲學」，但重視理性，故曰：「我思故我在」。笛氏哲學指出：「我的認識能力是上帝給的，上帝是全知全能而至善。」

斯賓諾莎（一六三二～一六七七年），斯氏因研讀笛卡兒著作，反抗傳統的猶太主義，被開除教籍，時年二十三歲，而開始其流浪生涯，終生未娶，英年早逝。斯氏哲學，關心「存在問題」，認為「神即實體，即自然」，係偏於泛神論。不過斯氏仍見證基督，指出：「基督是上帝的殿，上帝藉著基督完全顯示出來」。斯氏並認為具有倫理學的涵養，方能接受上帝的恩典，而拯救人類的淪亡。

萊布尼茲（一六四六～一七一六年），其父為大學道德哲學教授，萊氏則獲博士學位，一六七六年發明微積分（牛頓同時發明）。曾與斯賓諾莎見面，而得解讀其倫理學原稿。萊氏之單子論，指出單子乃單純的精神實體。萊氏認為上帝不僅創造宇宙萬物，也創造了宇宙秩序。

第四節　十八世紀法國啟蒙運動哲學

十七世紀之後，自然科學大為進步，牛頓提出力學三大定律，而解析幾何、微積分等發明，以及波義耳的化學元素理論等等，乃激起以超自然原因，理性的演譯法，來論證自然社會及人生，遂有啟明運動的醞釀。

啟明運動時期的哲學代表人物為：

孟德斯鳩（一六八九～一七五五年），孟氏為社會學中地理學派創始人之一，重視氣候、土壤、面積等對於文化的影響。但孟氏主張唯心史觀，所以也重視道德、宗教、倫理的影響力。而一切依照法的觀念為標竿，主張三權分立。不反對君主政體。

盧梭（一七一二～一七七八年），十歲就走上自立謀生之路，一七四一年在巴黎結識狄德羅，又與霍爾巴赫等為友。盧梭思想，反對原罪說，主張人生而平等，提出「社會契約說」。盧氏乃一無神論者。認為宇宙是無生命的物體，自身沒有活力。卻又說：「一個意志使宇宙運動，使自然具有生命，這個推動宇宙和安排萬物存在，可稱為上帝」。

拉美特利（一七〇九～一七五一年），曾獲醫學博士學位，所著《人即機器》一書，反對笛卡兒、萊布尼茲的「唯靈論」，把心靈實體化。拉氏認為應以生理決定論，證明思想不過是人腦的機能。

狄德羅（一七一三～一七八四年），狄氏為百科全書派領導人，幼年在耶穌會所辦專科學校讀書，後獲文科碩士學位。狄氏主張物質是唯一實體，重視感覺的作用。要求建立自由平等的理性王國。

霍爾巴赫（一七二三～一七八九年），肄業大學時，得讀牛頓、洛克等著作，其後與狄德羅、盧梭等均有交往，參與百科全書的撰寫。霍氏精通地質學、冶金學、物理學，認為自然是本源性的存在，物質運動有其必然性。主張「宇宙是一條原因和結果的鎖鏈」。

第五節　十九世紀德國古典哲學

面對啟明運動的理性批判，尤其價值與信仰的失落感，科學主義與人文主義相衝擊，哲學家們轉向人類理性自身作探討，遂有德國古典哲學的興起。

德國古典哲學代表人物為：

康德（一七二四～一八〇四年），康氏為德國古典哲學的開創人，畢業於哥尼斯堡大學，獲博士學位。先後完成三大批判，創立其先驗唯心論體系。曾先提出天體形成的「星靈假說」，認為天體是亙古不變的形而上學自然觀，推翻牛頓的第一推動力說，（第一推動力為上帝）。康德的先天綜合原理，為其認識論的最高原理，以現象的可知論，與本體的不可知論，為其邏輯的結論。

費希特（一七六二～一八一四年），費氏為康德哲學繼承人，畢業於來比錫大學，研讀神學，後獲得康德舉薦而成名，並出任柏林大學第一任校長，拿破崙戰爭時期，德國戰敗，費希特發表告德意志國民書，喚醒德國民眾覺醒。費氏哲學最重要概念為「絕對自我」，意指自我意識成為可能的活動，即「本原行動」，不假外物，靠自身建立起來。費氏並把國家視為「倫理實體」。

謝林（一七五五～一八五四年），一七九〇年入圖賓根大學神學院，與黑格爾同學。其哲學係從費希特哲學為出發點，但以客觀

唯心論，批判費氏主觀唯心論。認為費氏把自然排除於自我之外，是不對的。因為自我意識與自然是同出一源。謝林認為自然本身就是自己的立法者，從初級物質到生命的出現，皆靠內部運動，有了生命，才有自我意識。

黑格爾（一七七〇～一八三一年），曾與謝林合辦「哲學評論雜誌」，其後通過論文，獲得授課資格，於一八〇五年獲任副教授，所開課程包括邏輯、數學、自然法、哲學史、人種學、心理學、美學、法學、自然哲學、精神哲學、宗教哲學、歷史哲學等等。其《哲學全書》一版再版，一八一八年獲普魯士國王任命為柏林大學教授，十年後任校長。黑氏吸收康德、費希特、謝林等思想精華，並加批判，從而創立思辨哲學體系，對本質、現象、概念、推論、判斷、客體、生命等內涵深入分析。一八三五年施林勞斯《耶穌傳》出版後，黑格爾學派分裂，右派堅持絕對精神即上帝，概念三段式辯證法，亦即三位一體學說。施氏等屬左派，要求依據辯證法而進行改革。

費爾巴哈（一八〇四～一八七二年），於一八二四年入柏林大學聽黑格爾講課，後屬黑格爾學派之左派，最後與黑格爾唯心論決裂，而高唱唯物論。認為人對神的崇拜，實際上為人對自己本質的崇拜。費氏也駁斥黑格爾的絕對精神，認為自然界是永恒的實體，人是以自然為基礎的感性實體。

第六節　以英美哲學為主的現代西方哲學

繼十九世紀德國古典哲學之後，西方現代哲學派別愈趨複雜。現代西方哲學，主要以英美哲學為主，約有下列諸派：

一、實證主義

孔德（一七九八～一八二五年），為實證主義創始人，並建立社會學，自創人道教。但人道教於孔德死後，即告消失。

穆勒（一八〇六～一八七三年），接受了孔德的實證主義，主張「物是感覺的恒久可能性」，規律則是「心理的聯想」。

斯賓塞（一八二〇～一九〇三年），集實證主義之大成，以進化論為實證主義基礎，以進化的均衡論，反對辯證法的機械論。

二、新康德主義

馬堡學派：以柯享、卡西勒等為代表，注重以邏輯、數學、自然科學等研究認識論，且亦研究認識過程的本身。

弗賴堡學派：以文德爾斑為代表，特別重視價值哲學的研究。

生理學派：以朗格為代表，指出人們誤認經驗之外，有「物自體」存在，實際上是不瞭解因果範疇的先驗性。

三、新黑格爾主義

布拉德雷，認為物質世界充滿矛盾，是現象，不是實在。唯有知覺經驗，才是唯一實在，亦即「絕對」。

克羅齊，主張建立「純粹精神哲學」，認為精神為唯一實在，精神創造一切，包括真、善、美、利。

第二次世界大戰後，法國一度出現黑格爾著作研究熱潮（如精神現象學）。

四、馬赫主義

馬赫主義乃實證主義的第二代，首創於奧地利物理學家馬赫（一八三八～一九一六年），其學說主張「要素一元論」，所謂要素，即指感覺，主張世界物體，都是要素的複合體。

馬赫主義產生後，迅速在西方流行，而為不少自然科學家與哲學家所接受。馬赫主義直接影響到實用主義與邏輯實證主義。

五、實在主義與實用主義

羅素（一八七二～一九七〇年），為實在主義創始人，但迅即轉為美國的新實在主義，認為對象本性是中立的，而有非心非物與亦心亦物的本體論的中立一元論，及認識論的中立一元論之出現。

實用主義在美國以詹姆士（一八四二～一九一〇年）及杜威（一八五九～一九五二年）二人為代表，繼承唯意志主義，生命哲學等思想，但與人本主義相結合，又由休謨、孔德的主觀經驗主義延伸，把實證主義功利主義化，強調生活、行動與效果。

二次戰後，實用主義代表人為胡克（一九〇二～一九九〇年）和劉易士（一八八三～一九六四年），兩者皆促進了實用主義與邏輯實證主義的合流。

六、邏輯實證主義

邏輯實證主義產生於二十世紀六十年代，繼馬赫主義而來，被稱為「維也納學派」，主要人物以石里克（一八八二～一九三六年）、卡納普（一八九一～一九七〇年）為代表。其先導則為羅素，及其學生奧國的維根斯坦（一八八九～一九五一年）所創邏輯原子主義。當邏輯實證主義流行之際，英國有所謂「日常語言哲學」，此三大派別，均被稱之為「分析主義」。

邏輯實證主義的背景，乃由於二十世紀，初期的相對論及量子力學與數理邏輯而促成。

先於邏輯實證主義，乃羅素首創的邏輯原子主義，認為哲學本質是邏輯，從純粹邏輯觀點，考察語言與現實的最終結構，故須依據數理邏輯為方法，創造理想的人工語言。維根斯坦則進而以哲學乃語言批判，而非理性批判。主張「經驗證實原則」。

七、日常語言哲學派與邏輯實用主義

日常語言哲學派係二次戰後，由英國牛津大學教授賴爾等人所提出，又稱牛津學派。指稱日常自然語言中概念豐富。而概念可完成多種功能。

此派與美國實用主義合流，產生邏輯實用主義，又稱分析的實用主義，由蒯因（或譯奎因）為代表。蒯氏曾任華盛頓大學哲學系主任。

邏輯實用主義，認為檢驗知識意義的最小單位，不是命題或句子，而是整個科學理論系統，有用便是真的，無用就是偽的。

中國哲學史綜觀

第一章　中國哲學在世界的地位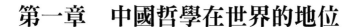

第一節　哲學釋義

《爾雅・釋言》：「哲，智也。」；《尚書・舜典》：「濬哲文明。」；《尚書・洪範》：「明作哲。」；《尚書・皋陶謨》：「知人則哲。」；《禮記・檀弓》：「哲人其萎矣。」。以上中國古代典籍，皆孔子所整理，孔子生於公元前五五一年（東周靈王二十一年），早於希臘哲人蘇格拉底八十三年。

中國古代典籍雖有哲智之說，但哲學一詞，則係依據希臘古代哲學而來，由希臘原文的 Philein（愛）與 Saphia（智）聯合而成。柏拉圖說：「哲、智都屬於神，人只能愛智」。希臘愛智一詞，由拉丁文 Philcesphia，再演變為英文的 Philosophy。

公元一八七三年（清同治十二年，日本明治六年）日人西周博士將 Philosophy 一詞，譯為「哲學」，我國學者亦始正式應用「哲學」一詞。但國學大師章太炎在其《國故論衡》中〈明見〉一文內稱，哲學應改為「見學」云云，然無人採納。而哲學之定義，亦以亞里斯多德所稱：「哲學為探討宇宙一般根本原理原則及其究竟原因之學」。我國哲學家范錡云：「哲學者，研究宇宙人生認識等根本原理之學」，成為一般研究人士之共識了。

第二節　中西哲學產生背景的探究

　　西方哲學淵源於希臘，早在公元前六世紀，即有米勒學派之泰來斯等人探究自然哲學。討論宇宙問題，其時希臘境內只是許多城邦的小國，社會安定。因此哲人們重視宇宙問題的思考。但是希臘自公元前七七六年（西周幽王十一年）開始第一屆奧林匹克運動會以來，就充滿「競爭」精神，遂也逐漸注意到人生與社會等問題了。

　　中國哲學興起於春秋戰國時期（春秋時代開始於公元前七七〇年，東周平王九年），其時作為經濟支柱的井田制度，以及政治社會標竿的封建制度，均告瓦解，社會隨之動亂，「君」「父」人之大倫崩潰。因此仁人志士均以研究如何挽救世道人心為首要。乃有孔子的「知其不可而為之」、墨子的「摩頂放踵」、楊朱倡「為我」說，墨楊之說起，孟子嘆曰：「楊朱墨翟之言盈天下，天下之言不歸楊則歸墨」。但楊墨學說付之實行，則社會解體，因人人為我，即無社會組織，人人兼愛，則無倫常。於是孟荀闢之，乃有其後漢武之獨尊儒術，儒家學說乃成中國思想主流。

　　西方哲學第一部著作，首推泰來斯的弟子亞諾芝曼德所寫《論自然》一書，說明西方哲學首先重視宇宙問題，但是亦逐漸注意及人生及社會。而中國哲學重視的乃是倫理道德問題，但也不排除對自然的探討。西方哲學由於一開始探討宇宙問題，其推理重視邏輯思維，中國哲學重在倫理道德之實踐，理論上缺乏嚴密的系統分析。不過中西哲學都首先肯定人對神的認識，《摩西五經》完成於公元前一千四百多年，其後中國最早史書之《尚書》，以至《詩經》

等典籍，均有歌頌上帝之心聲，尤其《禮記》云：「萬物本乎天，人本乎祖，此所以配上帝也」。無不彰顯人類對上帝的信心。

第三節　中國哲學的特點

一、天人合一觀念

《中庸》云：「誠者，天之道也，誠之者，人之道也」（《中庸》第二十章），此即天人合一的張本。《易經》云：「自天佑之，吉無不利。」；鶡冠子云：「上天，上帝也。」以至宋之理學家，如邵康節云：「學不際天人，不足以謂之學。」（《皇極經世書‧觀物外篇》）；程伊川云：「道未始有天人之別，但在天為天道，在人則為人道。」（語錄）。尤其中國哲學自包羲以降，經神農、黃帝、顓頊、堯、舜、禹、湯、文、武、周公、孔子，對於天道觀念，都是一致敬畏上帝，足以說明中華民族與希伯來民族，同為上帝最早選民。天人合一的觀念，永為中西哲學大放其異彩。

二、知行合一本質

中國哲學將思想學說與生活實踐，兩者合而為一，因此中國哲人研究宇宙人生，當由生活實踐出發，孔子云：「博學之，慎思之，明辨之，篤行之。」（一切歸之篤行）。孔子又說：「知之者不如好之者，好之者不如樂之者。」（《論語‧雍也》）。孟子云：「君子深造之以道，欲其自得之也。自得之則居之安，居之安則資之深，資

之深，則取之左右逢其源，故君子欲其自得之也。」(《孟子‧離婁》)。荀子也說：「君子之學也，入乎耳，箸乎心，布乎四體，形乎動靜，端而言，蝡而動。」(《荀子‧勸學》)。周子所謂：「聖人之道，入乎耳，存乎心，蘊之為德行，行之為事業」(《通書》)，到了王陽明提倡「知行合一」，乃發揮到了最高境界。

三、追求真善美

中國哲學以求知即求善，求知必求真知。故孔子云：「朝聞道，夕死可矣。」(《論語‧里仁》)。而荀子也標出：「君子之學以美其身。」(《荀子‧勸學》) 從而合真善美於一身，可知中國哲學最終境界，可以邁向真善美的真理最高層。真善美的真理最高層，實即達成基督真理的永恒價值底目標，誠如培黎（R. B. Perry）教授在其價值通論（The General Theory of Value）一書所指出：「價值分為真善美，而以神為統一體」，則上帝為真善美的化身，固應為現代知識份子有進一步認識的必要。由上述各節，固知中國哲學在世界哲學史上，實佔有領先地位。

第二章 中國哲學史的發展

第一節 中國哲學的第一階段： 三代、秦、漢時期

一、中國古代的天道觀念

　　摩西率領以色列人出埃及，時當商王盤庚遷都於殷，《摩西五經》中創世記敘述上帝創造天地萬物，以及挪亞等史實，代表希伯來文化對真神的認識。而夏商周之際，有關文獻亦顯示中國在古代天道觀念中亦已認識宇宙真神。《易繫辭》云：「易之為書也，廣大悉備，有天道焉，有人道焉，有地道焉」。《中庸》第二章云：「故君子不可以不修身，思修身，不可不事親，思事親，不可不知人，思知人，不可不知天」。所以孔子說：「惟天為大，惟堯則之」。堯云：「類於上帝」，大禹云：「祇承於帝」，商湯云：「予畏上帝，不敢不正」，文王：「小心翼翼，昭事上帝」，墨子云：「天之所欲則為之，天所不欲則止」。明鬼篇下且載禹伐有扈氏時，申稱這是「剿絕其命」，禹乃「共行天之罰也」。孔子則讚賞夏人事神云：「禹吾無間然矣，菲飲食而致孝乎鬼神，惡衣服而致乎黼冕。」商朝人則自認為上帝的子民，所以《詩經・商頌》云：「立子生商」，因此商人事無巨細，事前均向上帝請示。以占卜問明吉凶禍福，再作決定。甲骨文即是商人向上帝卜問的原始記錄，例如：「甲辰，帝其令雨？」「帝其降堇」（饉），「王封邑，帝若（諾）？」，掌管

占卜之人即「祝」，或「卜」「史」等，似乎與以色列之祭司同。周朝繼承商人，稱上帝為「天」，謂之「天命」，天乃自然界與人類的最高主宰，有絕對權威。西周初期所鑄的「大盂鼎」，銘曰：「丕顯文王，受天有（佑）大命」，但亦申稱：「天命靡常」，故云：「上帝引逸」，「有夏不逸矣，……降致罰」，又云：「皇天上帝，改厥元子，茲大國殷之命」，「非我小國敢弋殷命，惟天不畀」，而另提出「以德配天說」。

二、《易經》的哲學觀點

《易經》為中華文化的根源，探究宇宙萬有原理，研討事物人事變化，大至自然現象、國家興亡、社會變遷，小至個人休戚，而形之於卜筮。最早為連山（伏羲或夏朝），次為歸藏（黃帝或商朝），周易則在周朝，前二者已亡佚。今之周易，先有卦象，後有文字。八卦的創作者，相傳為上古帝王太昊伏羲氏。商末周文王位居西伯，紂王囚於羑里，乃在獄中演易理，並作繫辭（一說周公所作）。其後孔子整理六經，作有論斷卦義旳彖辭（一說文王所作），又傳孔子作「十翼」。現存周易由六十四卦構成，每卦有六爻，共有三百八十四爻，每卦有卦辭，每爻有爻辭。卦辭和爻辭是經文，統稱「易經」。其後的解釋卦辭和爻辭，統稱「易傳」。（易傳共七種十篇，即所謂「十翼」。其哲學觀點有三大看法：

(一) 以「太極」、「兩儀」、「四象」、「八卦」，說明宇宙萬象。四象指春、夏、秋、冬。八卦則為乾、兌、離、震、巽、坎、艮、坤。宇宙現象則為天、澤、火、雷、風、水、山、地。基於陰陽，源自太極。

（二）易為陰陽二元論，天地間一定不易之理，即此陰陽二元。如與創世紀相印證，易經的宇宙論，符合宇宙創造的法則。

（三）《易繫辭》第一章云：「天地之大德曰生」，《中庸》云：「……上律天時，不襲水上，辟如天地之無不持載，無不覆幬」，成為儒家哲學基本動力。

三、諸子百家的哲學理念

（一）諸子前的哲學家代表人物

伯陽父：最早提出「陰陽」範疇。公元前七八〇年（西周幽王四年）鎬京大地震，伯陽云：「夫天地之氣，不失其序，若過其序民亂之也，陽伏而不能出，陰迫而不能蒸，於是有地震」（《國語‧周語上》）。伯陽把陰陽看作天地之氣，地震即因陰陽二氣失去平衡。

管仲：中國早期法家思想先驅。《管仲》一書，內有〈水地篇〉云：「水，何也？萬物之本源也。」創世紀第一章第一節記：「起初，神創造天地……神的靈運行在水面。」管氏此說，不無領悟。其說早於希臘泰來斯弟子亞諾芝曼德之說（水為萬物來源），早過百餘年。而黑格爾在其哲學史演講錄中，指稱並未見到泰來斯的著作云云，恐有誤指。

子產：公元前五四三年（東周景王二年），鄭國子產執政。其名言：「天道遠，人道爾，非所及也。」云云（語見《左傳》昭公十八年），影響儒家重視人道，過於重視天道。但子產認為「靈魂不死」，又為最早提出的人性觀念之人。

（二）諸子哲學概觀

1. 儒家

漢書藝文誌指出，儒家「游文於六藝之中，留意於仁義之際，祖述堯舜，憲章文武，宗師仲尼，以重其言」。可見儒家者流，宗師孔子，以六藝為經典，提倡仁義，乃行為準則，維護君臣、父子、夫婦的倫常關係。

儒學思想的形成：

儒家創始人為孔子，孔子推崇周公，提出「以人道合天道」，正如易乾卦稱：「天行健，君子以自強不息。」又「以人德合天德」，乾卦所謂：「夫大人者與天地合其德，與日月合其明，與四時合其序……」孔子進而以「仁」為其倫理道德的總綱。以忠恕貫之。左傳有云：「所謂道，忠於民而有信於神也。」恕則：「己所不欲，勿施於人」，（《衛靈公》第十五），《大學》治國章更進而：「有諸己，而後求諸人。」而孝悌、禮樂、義利、三達德（智、仁、勇），五達道（君臣、父子、夫婦、昆弟、朋友），中庸之中有正中、時中、大中、剛中、柔中。中庸不偏不倚，也是一種方法論。孔子的政治主張為德治主義，經濟觀乃民生第一，《論語》載：「子適衛，冉有僕。子曰：庶矣哉！」冉有曰：「既庶矣，又何加焉」曰「富之」，「既富矣，又何加焉」，曰「教之」。禮運大同篇，更為政治哲學極致。孔子未言性善性惡，只云：「性相近，習相遠。」孔子乃一大教育家，有教無類。其知識論，如中庸所載：「或生而知之，或學而知之，或困而知之，及其知之，一也。」

　　孔子歿後，儒分為八，而墨子楊朱之說興，一時儒學失色。公元前四七五年（東周元王一年）戰國時代開始（孔子歿於公元前四七九年），翌年墨子生（公元前四二〇年歿）。楊朱則生於公元前三九五年，三三五年歿。公元前三九〇年（東周安王十二年）孟子生（歿於公元前三〇五年）。孟子主張：「存其心，盡其性，所以事天也」，「順天者存，逆天者亡」（《孟子‧離婁》）。孟子認為人有良知、良能及良心，且有四端，皆善的明徵，故主性善論。進而：「吾善養吾浩然之氣」，「其為氣也，至大至剛……配義與道」。孟子民本主義，故曰「民為貴，社稷次之，君為輕」（《孟子‧盡心下》），進而主張：「養生送死無憾，王道之始也」（《孟子‧梁惠王上》）。由於孟子發揚孔子學說，儒家得以日臻佳境。

　　繼孟子而起者，荀子是也。荀子生於公元前二九八年，歿於二三八年（東周赧王十七年至秦始皇七年），名況，字孫卿，李斯為其弟子。《荀子‧天論》云：「列星隨旋，日月弟炤，四時代御，陰陽代化，風雨博施，萬物各得其和以生，各得養以成，不見其事而見其功，夫是之謂神，皆知其所以成，莫知其無形，夫是之謂天」。又云：「水火有氣而無生，草木有生而無知，禽獸有知而無義。人有氣、有生、有知亦且有義」。但荀子認為：「人之性惡，其善者偽也」，指出：「孟子曰：人之學者，其性善。曰，是不然，是不及知人之性，而不察于人之性偽之分者也」，（均見〈性惡篇〉）。論者認為荀子「生當戰國之時，人多貪亂不修仁義，作者（指荀子）雖明於治道，又不能得勢位，發展其才能，所以激發而為此篇」。

2. 道家

　　道家學說創於老子，老子年歲略大於孔子。「孔子家語」一書內觀周云：「問禮於老聃」，司馬遷《史記孔子世家》云：「魯南宮敬叔言魯公曰：請孔子適周，魯公與之一乘車、兩馬、一豎子，俱適周問禮，蓋見老子云」。

　　老子首創宇宙論的見解。尸子（名佼，乃商鞅之師傅）云：「上下四方曰宇，往古來今曰宙」，老子《道德經》上篇云：「有物混成，先天地生……吾不知其名，字之曰道。」老子乃中國哲學宇宙論的創始人。據《英國良師叢書》（Mentor Book）編者云：除基督教《聖經》外，《道德經》之被翻譯成各國文字，僅次於《聖經》。老子認為私慾為人類罪惡之本，故須去慾除私，主張「復歸於嬰兒」（第二十八章），「含德之厚，比於赤子」（五十五章），提出「三寶」（慈、儉，不敢為天下先），要求：「以德報怨」（六十三章），孔子主張「以直報怨，以德報德」（憲問），所以被認為老子道德高於孔子。

　　莊子，與孟子同時，是惠施的好友，繼承老子，世以老莊同為南方思想的代表，史記稱莊子著書「十餘萬言」，多採寓言方式，文字與屈原離騷媲美。《莊子‧大宗師》云：「夫道，有情有信，無為無形，可彷而不可受，可得而不可見，自本自根，未有天地，自古以固存」，莊子並對「物」字首下定義云：「凡有貌象聲色者，皆物也」（《莊子‧達生篇》），且主張「以道觀物」（《莊子‧齊物論》）。而認為死與生乃不斷轉化，所謂「方生方死，方死方生」（《莊子‧齊物論》）。

　　列子名禦寇，稍後於老子，先於莊子。《列子》八篇，疑多偽作。〈天瑞篇〉云：「有生不生，有化不化，不生者能

生生，不化者化化。」老子只謂有生於無，一生二，二生三，三生萬物。而列子則由無至有，設有太初太始、太素、太易四個階段。認為太初為氣之開始的狀態，由渾淪狀態始分陰陽，陽氣輕而上升為天，陰氣重而下降為地。陰陽和合，而生人化生萬物，故人與萬物，不外陰陽二氣所形成。

3. 墨家

　　墨家創自墨子，《史記・孟荀列傳》云：「墨翟宋之大夫，善守禦，為節用」，墨書公輸篇有「臣之弟子禽滑釐等三百餘人」。

　　墨子，對古代宗教思想極為尊重，因之〈天志篇〉將兼愛說求之於天志（天意）。〈明鬼篇〉，說明鬼神存在。認為天鬼（上帝）好義而惡不義，對人施以賞善罰惡，道德出自天鬼。墨子提倡兼愛，因為「亂何自起，起不相愛」（《墨子・兼愛上篇》），〈天志篇〉云：「順天意者，兼相愛，交相利，必得賞，反天意者，別相惡，交相賊，必得罰。」所以墨子的兼愛，乃要順利，法天，從天所欲。又主張「萬物莫不貴於義」（《墨子・貴義篇》），故曰：「手足口鼻耳，從事於義，必為聖人」（同上），墨子尊天而非命，主張力行，尚賢、尚同、非攻、尚儉、薄葬。

　　墨子死後，墨家也分了派。莊子記載，墨後分南北兩派，《韓非子・顯學篇》指出「有相里氏之墨，有相夫氏之墨，有鄧陵氏之墨」。因之今之今學者將墨子中的經上、經下、經上說、經下說、大取、小取等六篇，定為墨家後期作品。

　　後墨否認天志與明鬼，而強調實際功利。主張「物甚不甚，說在若是」「惟以五路（官）知」，一切依據客觀事物，

而非主觀，故墨家能提出較有系統的邏輯思想，辨有名、辭、說等三種基本思維形式。

4. 法家

法家源自管子，前已言之。管子思想淵源，載於其內業篇，認為皆出於道，而法之觀念，導自自然法理。且認為道德如無法律，亦難生效。管仲提倡尊王攘夷，又曰：「禮義廉恥，國之四維，四維不張，國乃滅亡」，故孔子讚賞管仲曰：「微管仲，吾其被髮左衽矣」。管仲先於老孔之前，其思想對道、儒、墨各家，均有影響。鮑叔本看重管仲之才，管仲亦嘗言：「生我者父母，知我者鮑子也。」兩人友誼，傳為千古美談。

法家中具有哲學思想者，管仲之後首推韓非。韓非為貴族，見韓削弱，上書諫韓王，王不用，乃著〈孤憤〉、〈五蠹〉等多篇，十餘萬言，秦王見「孤憤」而欣賞之，韓恐秦攻韓，乃遣非使秦，秦王悅之，然未信用。非與李斯同為荀況學生，李斯嫉非才，讒之，使自殺，下獄時，秦王後悔，使人赦之，而非已死。韓非為法家，刻薄寡恩，五蠹篇反儒墨，李斯獻策、秦始皇「焚書坑儒」，秦固速亡，斯亦腰斬。而韓非之人性論，亦主性惡論，須用嚴刑。韓非重勢、重術、重力，而不尚德。但韓非解老等篇，則亦主張自然主義，人生觀亦重順其自然。

商鞅，為衛之庶公子，受封於商，故號商君。適衛不為所用，復從秦孝公，孝公用之，五年大治，商君重法、嚴刑，招致宗室大臣之怨，孝公卒，太子接位，遭五馬分屍之刑。商鞅主張「不貴義而貴法」，「不務德而務法」。商鞅與慎到、申不害，均為戰國時期法家代表人物。《史記·申不害列傳》云：「申不害，京人也，昭侯用為相，內修政教，外應諸侯，十五年終申子之身，國

治民強，無侵韓者。」慎到，周人，務刑名之學，在申韓之先。史記云齊宣王大招文學之士，慎到亦在內，可見慎到與孟子同時。

法家學派的法治理論，對春秋戰國之際，進行封建改革，以至秦始皇統一六國，成為秦王朝統治思想。秦晉法家創始人之一的李悝，任魏文侯相，編有法經六篇，為中國古代較有系統的第一部法典。

5. 陰陽家

為先秦時期，以五行說為中心思想的哲學流派，由古代天文學家與占星家演變而來。長期觀察天象來預測人事吉凶禍福，到漢代被稱為陰陽家，五行家，或陰陽五行家，成為「六家」或「九流」之一。

《易經・繫辭》云：「一陰一陽之謂道」，「陰陽不測之謂神」。說卦云：「立天之道，曰陰與陽，立地之道，曰柔與剛，立人之道，曰仁與義。」《管子・四時篇》云：「陰陽者天地之大理也，四時者陰陽之大經也」，足見中國陰陽觀念的源流。

箕子乃殷商貴族，受封於箕，紂王殺比干王子，箕子佯狂，被囚，周武王滅殷後被釋放，詢其治國之策。尚書洪範載，箕子述金、木、水、火、土五行的性質。為中國最早五行記錄，箕子不受周王之奉，乃帶一部份殷遺民東往朝鮮。

鄒衍，為戰國時期陰陽家代表人物，其人「深觀陰陽消息」，喜談宇宙變化，以「大九洲說」和「五德始終說」，以適名當時統一趨勢，鄒衍認為世界無限大，大洲由小洲構成，每九小洲構成一大洲。而五德始終說指出：水生火，火生土，土生金，金生水，水生木，即五行相生形式，互相更替，互相循環。

6. 名家

戰國時以辯證名實問題為中心的學派，或稱辯者，察士，由於名家重視辯論，具有邏輯或理則的性質，可惜漢朝以後，被視為異端，不予重視。導致中國的邏輯學（亦即理則學），不夠發達，影響到學術體系的嚴整性。

宋鈃與尹文，二人俱遊稷下。孔子提出正名問題，所以名實問題，成為思想家研究對象，遂有名家學派，鄧析好刑名，於子產治鄭時，每難之，竟被誅。而宋鈃與尹文均主張：「名不得過實，實不得延名」，乃開爾後惠施、公孫龍的名家學說的先河。

惠施，為合同異派之代表，《莊子·秋水篇》載：「莊子與惠子遊於濠梁之上，莊子曰：「魚出遊從容，是魚樂也。」惠子曰：「子非魚，安知魚之樂乎？」莊子曰：「子非我，安知我不知魚之樂。」由此可知名家重辯。惠子主張「氾愛萬物，天地一體也」。他又提出卵有毛，馬有卵等多種命題，所謂「合異同」。

公孫龍，為離堅白派之代表。公孫龍子堅白篇云：「堅、白、石，三，可乎？曰，不可。二，可乎？曰，可；曰，何哉，曰無堅得白，其舉也二。」以上論題只限於石與色與性，辯論之點，為堅與白相離。而白馬非馬，客問：白馬非馬可乎？曰，可。何哉？曰：「馬者所以命形色，白者所以命色也，命色形者命非形也。故曰，白馬非馬」，此即物形體分開而言，致有此命題，所謂「離堅白」。

四、由子學時代到經學時代

（一）子學盛世

先秦諸子開創了中國學術子學時代。自管子任齊相（公元前六四三年，東周莊王十二年）以迄秦始皇統一中國（公元二二一年，秦始皇二十六年）歷時逾四百餘年。

春秋戰國時期，何以百家爭鳴？其原因主要不外下列諸端：

第一，周朝初年，文物典章頗為完備，且學校發達，教育特點，乃「學在官府」，禮官、樂師、民政長官，兼國學、鄉學之師。亦即繼承了商代教育，所謂「太師、太傅、太保」，為大學中之三老。當時培養的知識份子，至春秋時期，乃開花結果。

第二，周室東遷後，封建諸侯各謀富強，各自爭賢，所以民間講學，促成學術多元化。

第三，言論自由，分庭抗禮，例如荀子十二子篇，即敢攻擊子思、孟子。

秦滅齊後統一全國，對於處士橫議，批評時政者，感到不滿。秦始皇欲統制天下思想，令天下以天為師，韓非李斯的法家思想，遂受歡迎，李斯奏請焚書，乃有「焚書坑儒」之罪行。

不過始皇焚書只限民間，官府藏書並未燬去。故朱子語類云：「如秦焚書，也只是教天下人焚之，他朝廷依舊留得」。康有為新學偽經考稱：始皇焚書並未致六經殘缺。

經籍亡佚，固非秦始皇焚書之時，但項羽火燒秦宮，大火三月不熄，則藏書亦付之一炬。

焚書坑儒之際，尚有甚多儒者抱經遁入山林，例如傳尚書的伏生，為漢定禮儀的叔孫通等，均係秦代學者。

事實上，自有經籍迄今，已逾二千餘年，但經學時代在漢代正式發端，然大多數思想家在初期，均乏創見，大多依傍子學而已。惟以子學內容，確多深度，有待發揮。

秦之統一，引發儒法對立。始皇三十五年大宴群臣，僕射周青臣等七十餘人，上書：建議改諸侯為郡縣。博士淳于越則認為不可，丞相李斯，則認為諸侯並作，天下散亂，莫之能一。王道，仁政，不若嚴刑竣法之有效，古云：「防民之口，在於防川。」因之此際法家壓倒儒家。

焚書之後，儒生身份之盧生、侯生私下議論：「始皇為人，天性剛戾自用……」侯生被捕臨刑前，答始皇問，自言「臣聞知死必勇」，此即知識份子的氣節。

秦代乃法家天下，李斯從荀子學帝王之術。欲西入秦，向師告辭，至秦，會莊襄王卒，李斯及求助秦相文信侯呂不韋，不韋以為郎（侍從官）。李斯得以起家，官至廷尉（九卿之一）二十餘年，升至丞相。三男皆尚秦公主，女嫁秦公子。始皇崩，宦官趙高與李斯，矯詔令長子扶蘇自殺，賜蒙恬死。二世胡亥立，趙高又用計，殺李斯，夷三族。秦亡，始皇家族皆死之。終秦之世，秦代學術僅法家獨樹一幟。

（二）獨尊儒術

秦始皇及二世不過十五年，重武功而無學術，但學術思想仍有若干狀況。

秦統一前夕，秦相呂不韋召集文士，編纂《呂氏春秋》一書，以黃老道家思想為中心，兼採儒、墨、名、法、陰陽各家學說，以期為秦之統一，提供思想方針。

《呂氏春秋》內容二十餘萬言，為我國最早一部有結構規模的私人學術著作，內容有天道觀、宇宙觀以及政治、經濟各方面觀點。

《呂氏春秋》開春論愛類云：「仁於他物，不仁於人，不得為仁」。可見這是重視「仁」的民本思想。

由於始皇對呂不韋，因其內政看法不合始皇想法，而去丞相職後，又恐其作亂，令遷全家於蜀地，赴蜀途中呂不韋自殺，實屬埋下秦之敗亡的裡因。

秦亡後，漢興，高祖入關，約法三章，廢秦苛法，曹參為相，政尚黃老，因之道家思想，風行一時。

漢初，竇太后最崇黃老，大官中，如有重儒輕老，咸被罷官。學者如陸賈、司馬談等亦崇黃老無為之學。其根源係因人心厭亂。亂世之際，如何救世成為一大社會問題。似非儒、墨、名、法各家所能解決，結果趨於黃老。

武帝以前，儒不及道，文帝亦尊老學權威河上公。其後漢武帝經董仲舒建議，獨尊儒家，但大多數學人，僅以儒學為獵官手段，並非真正研究儒學。

人生問題，頗難獲得明答。因之秦始皇、漢武帝皆求之於仙藥。可知尊崇黃老之徒，其內心亦係空虛與厭世。高祖子厲王，因罪而死，其子安封淮南王，世稱淮南子。武帝時，淮南王著「淮南子」一書，名著一時，後因謀叛伏誅。該書實以道家觀念提出其宇宙人生社會等各方面見解，頗有哲學境界。

（三）經學時代的興起

漢高祖原係一亭長，貴為天子，並不知儒家思想之內涵，蕭何、曹參輩，亦皆州縣小吏，不知儒學之重要。但漢高祖統一中國十二

年後，亦即惠帝四年，詔天下徵求遺書，於是逃秦火之書，相繼出現。有道之士，出而授徒。尤其文、景二帝，好學愛才，宗室中，如河間獻王（名德，景帝子）等，厚帛徵求藏書。於是《周官》、《尚書》、《禮記》、《儀禮》、《孟子》、《老子》等均出現。武帝置寫書之官，廣集各書。因之諸子百家得以流傳。

公元一三五年（漢武帝建元五年）竇太后死，年方二十餘歲的漢武帝，擺脫了太后約束，翌年依董仲舒建議，獨尊儒家，目的在「授經義以折衷是非」。於是漢代成為儒學的黃金時代。

（四）兩漢經學的代表性人物

陸賈。高祖云：「乃公馬上得天下，安用詩書？」陸賈答：「馬上得天下，如何馬上治之。」所著《新語》一書，頗獲高祖讚許，新語主張道德為政治之本，且調節老子與孔子，排除老子的神秘主義。

賈誼。文帝時，賈誼建言立制度，興禮樂，並獻治安策。所著新書卷首載「過秦論」，賈誼為長沙王太傅時，王墮馬死，誼於哀傷之餘，不久亦卒，年僅三十三歲。

董仲舒。景帝時博士。武帝即位，仲舒提對策，頗獲讚賞。主張以太學培養人材。仲舒之學為公羊，主要闡明陰陽五行與人事關係。著有春秋繁露等書。

劉向。元帝、成帝之際，外戚專權，向屢上書勸諫，外戚王氏忌之，向不獲重用。但劉向校正先秦古籍，厥功至偉，被稱為中國最早的圖書目錄大家。所著《世說》，《說苑》等書，特重倫理教訓。其子劉歆頗能繼承父學。

楊雄。楊雄學說，本於《易經》，宇宙本體為玄，玄乃無始無終，獨立自存者，玄能生萬物，且能控馭萬物，玄非但能支配自然

現象，人事道德，亦由此而生。此楊雄太玄一書，自以為得意之作。或以楊雄曾附和王莽，致被譏為曲學阿世之徒。唯楊雄學說，倡性善性惡混合論，其修齊治平大道，則均依孔孟所說。

王充。師事扶風班彪，好博覽，所著《論衡》一書，在普遍尊孔的漢代，無人敢於妄加批評。但王著〈問孔〉，〈刺孟〉等篇，然內容則很膚淺。王充認為命係前定，故堯舜之治，非堯舜之功，桀紂之亡，亦非桀紂之罪。

（五）鄭玄

漢代經學之集大成者為鄭玄，生於東漢順帝永建二年（公元後一二七年），卒於獻帝建安五年，享年七十四歲。

玄初師京兆尹王元亮，學京氏易，公羊春秋，二統曆，九章算術等，又師事張恭祖，學周官、禮記、左氏春秋、韓詩、古文尚書。再師事扶風馬融。後因黨錮案株連下獄，獲釋後，專心研究經學，講學授徒。黃巾賊起，遇賊而賊皆拜不敢犯。

《後漢書》云：「西漢以來，分為各種經說，皆為鄭玄所註疏」，故能集西漢經學之大成。

鄭玄注釋經典，舉凡易、尚書、詩經等，前二者原皆失傳，但仍有片斷留，為後世各家所引用。毛詩鄭箋二十卷，三禮則鄭注最詳，論語亦有鄭注十卷。

鄭玄崇奉五行纖緯，而以緯書解經，是其缺失耳。

鄭玄的貢獻，更在於調和今古文經之爭：

秦滅後，漢初，徵求遺經，曾求助於故秦博士或官吏尚生存者，如伏生、張蒼、浮丘伯等口述，以漢初通行的文字（即今文隸書）記錄，稱為今文經。然而留存於民間秘藏者，多為先秦舊籍，以籀文（即古文大篆）書寫之，稱為古文經，乃有古今文文句解釋等不同的爭論。

公元前五十一年（西漢宣帝甘露三年），曾為今文經爭議，舉行過一次御前會議，地點在長安未央宮石渠閣，史稱石渠閣會議。其後，東漢章帝建初四年（公元後七九年），亦曾舉行過一次白虎觀會議，討論經義異同，有《白虎通》一書行世，對中國經學史有重大影響。

鄭玄參考古今經文，加以整理與統一，註釋經典，力求週詳，但基本上多訓詁名物。鄭玄時代，除儒家經典，較有貢獻者，尚有趙歧、荀爽、盧植、蔡邕等人。

趙歧詳註孟子，確定了孟子在儒家的地位。

荀爽註易，以陰陽二氣升降，解釋周易卦爻象等易大傳之文。

盧植，與鄭玄同師事馬融，著有尚書章句等書。

蔡邕，精通天文、術數，文章佳妙，倡議刊刻「熹平石經」，為中國第一部石刻儒經。

第二節　中國哲學的第二階段：
魏、晉、南北朝、隋、唐時期

一、玄學的出現

（一）

公元一八四年（東漢靈帝中平元年）黃巾作亂失敗後，公元二二○年曹丕稱帝，建立魏，東漢亡。劉備亦稱帝，建立蜀，諸葛亮任丞相。孫策於公元一九五年據江東，至魏明帝太和三年，孫權稱帝（公元二二九年），翌年，吳國軍隊一萬人，進至台灣，其後魏滅蜀，司馬炎於公元二六五年，稱帝，建立晉朝（西晉），魏亡。

公元三一六年，西晉愍帝被匈奴軍所俘，西晉亡。司馬睿稱帝，東晉開始。公元四二〇年劉裕稱帝，建立宋，東晉亡，南朝開始，依次出現宋、齊、梁、陳四個朝代。公元四三九年北魏統一北部中國，北朝開始。北朝其後分裂為東魏、西魏，再演變為北齊、北周。公元五八九年，漢族楊堅建立隋朝，統一中國，結束中國長期分裂局面。

由於東漢提倡道德節義學風，一般學者離開政治，走向道家之學，但仍多儒道兩棲，遂以老莊解注儒學經典，又對人生究竟，深入探討。曹操殺孔融等人才，以及曹丕、司馬氏殺人才更多，於是形成有才華的人的消極悲觀，而流於清談了。

王肅與杜預。王父朗仕魏為司徒，著有易、春秋、周官等之研究。王肅家學淵源，學問幾與鄭玄齊名。但王肅雖崇馬融，然不滿鄭玄。司馬炎為王肅外孫，故晉的制度，頗受王肅影響，王肅偽作《孔子家語》，欲求駁斥鄭學。作偽書，為人固不足取。杜預：初仕魏，後協助晉武帝、完成統一大業，著有《左傳注》，與顏師古《漢書注》齊名。

傅嘏與荀粲。二人為清談的名理派創始人，談名學，談人物，分析才性同異，偏於老莊玄理。

何晏與王弼。二人為清談的玄論派創始人。均以道與無為宇宙本體，以打破陰陽五行迷信。但同持無為主義人生觀。至於葛洪則著有抱朴子內外篇，年八十一而卒，其人實內道而外儒。

竹林七賢派：

嵇康與向秀。嵇康雅好老莊之學，著有養生論，與向秀最莫逆，康後為司馬昭所殺。秀作賦哀之，秀曾注莊子秋水等篇。

阮籍與阮咸。二人係叔侄，籍好酒，喜高談闊論，好老莊，著有〈大人先生傳〉等篇，咸亦嗜老莊。

山濤、劉伶、王戎。三人均嗜老莊，但王戎，初仕魏，曾為賈后所用，性極貪吝，可見所謂清談派也者，亦脫不了物慾綑綁。

（二）

清談誤國的禍害，史實昭然，良以標榜老莊自然主義，視禮樂法律為束縛人生之工具，飲酒狂談，導致士風頹廢，人心渙散，造成夷狄侵凌的後果。

黃老思想自秦漢以來，日趨流行，當時王弼所注老子，頗有特色。向秀郭象二人注莊子，亦甚精湛，故有人云：「郭象注莊子，而高於莊子」。認為天即自然。在政治方面，主張上下有序，分層負責，這與七賢相比是較有份量的想法。

七賢除文學外，亦精音樂，嵇康的廣陵散因康死而絕，後人惜之。七賢沉醉於酒，外表為享樂主義，實際內心苦悶，阮籍詠懷云：「孤鴻號野外，朔鳥鳴北林，徘徊將何見，憂思獨傷心」，實即彼等心聲。

魏晉時代哲學，實多傾向仙道方面。列子楊子篇主張極端個人主義，剎那的享樂主義，竟成時代主流。

（三）

神仙思想，在戰國時代，楚國便流行了，秦始皇時期大為瀰漫。

由於秦始皇醉心神仙，各家思想合流時，神仙思想勢力成為最大的一派。上述南子等雜家也充滿神仙神話，成為仙道神話總匯。連董仲舒也大談陰陽五行，儒家不語怪力亂神，這時也混入神仙說了。

司馬遷博覽諸家，重承其父司馬談遺志，歸於道家，但仍尊孔子。

曹操也大唱「對酒當歌，人生幾何」濫調。到了晉代，中國文化由爛熟進入疲蔽，佛教便在此時乘虛而入。

二、佛教的輸入

（一）佛教的起源

公元前一千年，印度出現犁俱伏陀詩歌集，亦即婆羅門教最早經典，該教主張人的命運，掌握於最高神婆羅門之手，社會上階級分明，極不平等，乃引起宗教改革運動。

印度早期宗教改革最為成功者即為佛教。

公元前六○○年，釋迦牟尼生於印度北部一小國（今尼泊爾境內），時當我國周靈王二十七年。二十九歲時，感於人的生老病死，乃拋棄王位繼承人地位，出家修行。主張人生而平等，不應有階級差別。人生苦惱皆因慾念而來，只要清靜修行，多作善事，即可脫離苦海而成「佛」。

釋迦苦行六年，後又坐於菩提樹下深思八十六日，豁然大悟而成道，遂雲遊各地，說法傳教，信徒日增，其教義所謂「諸行無常」、「諸法無我」、「一切皆苦」、「寂靜涅槃」的「四法印」。

佛教創立後兩百餘年，印度孔雀王朝的阿育王定佛教為國教，並派遣僧侶向外傳播，同時僧侶也編纂經典所謂三藏（經藏、論藏、律藏）。不久該教分為兩派，北派主張普渡眾生的「大乘佛教」，南派則主張自救為主的「小乘佛教」。

佛教向外傳播，大乘由中亞經內陸傳入中國，再傳至朝鮮、日本等地。小乘則由錫蘭經中南半島等地。遂成為亞洲主要宗教。

公元六五年（東漢明帝永平十一年），遣蔡愔等赴印度求佛法。其後桓帝亦信佛，三國時，佛圖澄自天竺來洛陽傳教，有弟子道安、

慧遠等。而後趙帝石勒、石虎等尊佛圖澄為國師，後秦姚興尊崇鳩摩羅什，連同波斯人安世高等，譯經方面數量龐大。

佛教傳入中國，因中國原有黃老神仙等固有思想，可以作為佛教傳播的基礎。

中國本土又有道教的產生，時在東漢晚年，創始人為張陵，著道書二十篇，自稱天師，道教是有神論，南朝道士陶弘景「真誥」云：「道者，混然，是生元氣，元氣成，然後有太極，太極則天地之父母，道之奧也」。

魏晉南北朝的思潮，形成了儒道佛三者的互相混合。

佛教的般若學，所謂般若，意譯為智慧，始於東漢末年支婁伽讖譯出《般若道行品經》而傳入。

涅槃學則為佛教重要理論，因為涅槃為成佛的永恒境界，東晉南朝時的釋道安，乃中國最著名的涅槃學者，以「真空」與「妙有」創佛教的新風。

慧遠，博通六經，尤精老莊，首創廬山白蓮社，為中國結社念佛之始。

（二）佛教在中國的發展

東漢三國時代，穎川朱士行受戒出家，為中國沙門之始。

晉代詩人如謝靈運、陶淵明等，均與蓮社關係密切，一面崇拜老莊，一面嘯傲山林，影響後世至大。

東晉時期法顯和尚，為求法，遠赴印度，甚至到達美洲，較哥倫布發現新大陸早一千年，法顯著《佛國記》，享壽八十六歲。

南北朝時期，道教對抗佛教，北魏太平真君七年（公元四四六年）魏武帝廢佛，僧侶還俗，寺廟被燬，其後周武帝亦廢佛，惟因手段過份，反而令人同情佛教，因之佛教得以復興。

　　楊堅接受周靜帝讓位而建立隋朝，在政治上統一南北朝，在思想上，認為現在是末法時代（觀念出於古代阿含經），大家都是壞人，需要一種新宗教來拯救惡人，謂之「普教」（三階級教），但受佛道壓迫不久消沉於無形。

　　隋朝僅三十七年，隋建都於今湖北隋縣，當時泰山是道教中心，而濟南附近所刻石佛，以及千佛山，開元寺均為隋朝所建。

　　隋傳三世而禪讓於唐（公元六一八年），唐初諸宗相繼成立，杜順禪師、普賢大師、道綽大師、善導大師、玄奘大師等均為佛教重要人物。

　　玄奘大師印度取經，返國譯經七十餘部，前後二十年，與鳩摩羅什，並稱二大譯聖，其人享年六十五歲。

（三）對佛教的駁斥

　　南北朝時范縝反佛教神不滅論，著神滅論破之，其書謂：「神即形也，形即神也，是以形存則神存，形謝則神滅。」但鄭道子著神不滅論，以駁范縝，略謂：「神為聖本，其源至妙，豈得與七尺同枯，戶牖俱盡者哉。」

　　隋時，王通（即文中子）幼通六經，反佛，認為佛教「西方之教也，中國則泥」。王通積極提倡三才五常，三才即意、識、形。五常即仁、義、禮、智、信。

　　韓愈：唐朝韓愈反佛，諫〈迎佛骨表〉，指出佛教以夷亂夏，破壞倫常，而且求福反而得禍。

三、唐之經學

（一）修經

唐太宗統一中國，於貞觀初年，命顏師古制定經典正本，於是推動修經工作。

1. 《五經正義》之編纂

孔穎達等奉命編著《五經正義》，共計一百八十卷，正義注書，周易用王弼注，書經用孔安國注，詩用鄭玄及毛亨注，禮儀用鄭注，春秋左傳用杜預注。

永徽年中賈公彥，奉命著《周禮疏》五十卷，《儀禮疏》四十卷，合《五經正義》，總稱為《七經正義》。

《七經正義》為儒學思想史之大事，但亦阻撓了繼續深入探討研究的自由風氣，因人多避難就易之故。

2. 當時有學者另行研究，獲有成果。例如：

李鼎祚纂周易集解，包羅各家學說，為唐代學術放一異彩。

啖助研修春秋之學，著《春秋集解》。啖氏學風當時未為學界所重視，但對宋儒頗有影響。

3. 唐初於中央創國子學、太學，更設崇文、弘文兩館，文風得以大為發揚。

唐代將經書刻於石版上，建於太學門前，乃有開成石經之建立。

由於《五經正義》、《七經正義》的纂編，一般士子轉而更重詩文創作，唐代遂成詩之王國。

　　唐詩受佛學影響很大，王維即有詩佛之稱，李白乃道家思想。而杜甫則代表愛國詩人，關懷社會大眾。

（二）唐代學術乃道學之先驅

　　韓愈文起八代之衰，推崇孟子。為楊雄之後，推崇孟子的第二人。韓愈諫迎佛骨而被貶後，體會孟子養氣、寡慾，被貶途中，對佛法亦有體會，認為儒家正心、誠意與佛學有相通之處。

　　韓愈〈原道〉一文，指出其文乃詩書易春秋，其法為禮樂刑政，其民為士農工商，其位為君臣、父子、師友、賓主、昆仲、夫婦，即充分表現了儒家精神。

　　宋儒批評韓愈「博愛之謂仁」，認為仁中含愛固可，但愛為仁之用，仁乃愛之體。而體用二字則係宋儒受佛教影響而提出。

　　韓愈〈原性〉一文，謂：「性也者，與生俱生也。情也者，接於物而生也。」性有三品上中下，上品最佳，具仁義禮智信五德，但下品則惡。中品僅缺仁耳。

　　韓愈之學生李翱，著《復性論》，認為聖人寂然不動之性，即佛家所謂：「寂而常照，照而常寂」。復性即「迫本還原」之意。李翱復性方法，不外「弗慮弗思」，即為修練心性，使其寂然不動，亦即主靜。李翱對性的看法，認性即係佛之「本心」，情則為佛家的「無名煩惱」。

　　儒道佛互動，促進佛教中國化，禪宗尤為中國人所獨創。

　　李翱對唐代道學貢獻，較韓愈更大：

　　（1）佛學初入中土，均由老莊釋之，人性易於接受。

　　（2）李翱力求以儒家解釋佛學。

　　（3）以儒家釋佛學，結果儒道釋三者有合流之勢。

（三）唐代的宗教現象

唐代道學為宋代道學奠定基礎。因儒道釋互動，唐代文化更具包容性。韓李均重復性之靜，此靜實即儒家之誠。唐代文教最盛，美術亦最發達。如褚歐顏柳之字，吳道子、王摩詰之畫。

唐代文化既具更大包容性，因之大唐文化流佈擴大了，如朝鮮唐化，新羅等國儒學大昌，尊奉孔子。日本唐化，乃有大化革新。文物西傳，尤以造紙術最為重要。

唐代士大夫大多數均出入佛門，但其他宗教，亦多傳入。唐室姓李，尊老子為太上玄元皇帝。道教崇李氏姓祖，朝廷特對道教大加獎勵。西域交通頻繁，其他各教如祆教、景教、摩尼教、猶太教亦均傳入中國，尤其景教一度大為流行。

第三節　新儒學時期：
宋、元、明、清以迄當代新儒家

一、宋代理學代表儒學新開創，故稱新儒學

唐亡，五代梁、唐、晉、漢、周相繼，又有十國，不過八十年而盡，趙宋立國，理學勃興，原因如次：

（一）對訓詁的反動

仁宗時，宋郊等上奏：「先策論，則文詞者留心於治亂也……問大義，則執經者，不專於記誦矣」，語極切要。

　　當時之范仲淹、歐陽修、司馬光、蘇軾、王安石等，均重治亂與大義，不專記誦訓詁，因之理學遂興起。

　　仁宗好禪學，禪宗不立文字，歐陽修、司馬光、蘇氏父子，周敦頤等均學禪，禪觀性，即觀自己旳精神，所謂治心工夫，理學遂興。

　　宋代人才既能擺脫訓詁束縛，思想得自由發揮，乃有理學蓬勃發展。

（二）書院興起

　　書院之名，唐玄宗時已有之，但僅整理經籍，並無講學，憲宗時，石鼓書院成立，為私人最早成立之書院。

　　五代南唐時，江州白鹿洞成立學館，置田以供給學生，於是學者大集。

（三）印刷術的進步

　　宋承五代之後，雕刻印刷之術更加進步，刻書之風大盛。

　　仁宗慶曆中（公元一○四一至一○四八年）畢昇發明活字版，印刷益便。刻書既便，藏書者愈多，自己著述，亦易付印。

二、兩宋哲學，北宋以五子為中心，南宋則以朱陸為巨擘：

（一）北宋五子

　　理學即道學，開山祖為仁宗時周敦頤。其學主靜（無欲），達到明心見性。靜即寂然不動（即誠）。周子著《太極圖說》：「無極而太極，太極動而生陽，動極而靜，靜而生陰，靜極復動，一動一靜，互為其根，分陰分陽，兩儀立焉。陰變陽合，而生水木火金土，

五氣順布，四時行焉……」由上可知《太極圖說》出道家，而源於《易經》。從而周子主性善，而政治以修身為根基。

二程兄弟。程顥（明道）、程頤（伊川）奉父命師事周子，明道學問之道，於易最深，故曰：「聖人用意深處，全在繫辭，詩書乃格言」，又云：「生生之謂易，是天之所以為道也。天只是以生為道，繼此生理者，只是善……」明道認為仁即元氣，就是性，曰：「仁者渾然與物同體，義、禮、智、信，皆仁也。」伊川對明道宇宙論的氣一元論，修正為理氣二元論。伊川曰：「離了陰陽便無道，所以陰陽者是道也，陰陽氣也，氣是形而下者，道是形而上者，形而上者，則是理也。」換言之道即理。伊川認為人性雖皆善，但氣有清濁，秉清氣生的為善人，由濁氣生的為惡人。

邵擁與張載。邵子與張載二程皆相交，著有《皇極經世書》十二篇，以天地的理，以測度人世，邵子排斥佛，但不反對老莊，其學說近於先天唯心論，故曰：「先天學，心法也，圖皆從中起，萬化萬事生於心也」，又曰：「心為太極」。張載主張太虛即氣，曰：「太虛無形，氣之本體」，又曰：「天地之氣，雖靡散百塗，然其為理也，順而不妄」。張載所倡理，即宇宙之規律及法則。他重視良知，主張成性盡心，慎獨存誠，變化氣質，使歸於本真，即理。西銘一文，更表達他民胞物與的人生觀。

（二）南宋二子

朱熹。朱子集理學的大成，二程主張理順以誠敬存之，又主誠敬在身體力行，致知在格物（知事物真理）盡性，性即理。朱子主張「格物致知為先，明善誠心為要」，「窮理以致知，反躬以踐其實，而以居敬為主」，朱子亦主理氣二元論，更主理在氣先說，又主張以人合天的人生觀。

陸九淵。與朱子同時，主張道即吾心，吾心即道，任其自然，此心即能應物無窮。認為宇宙即是吾心，吾心即是宇宙。心即是理，故須窮理工夫。淳熙二年與朱子會於鵝湖，淳熙八年又承朱子邀，至白鹿洞講君子喻於義，小人喻於利。淳熙十五年與朱子辯論周子「無極而太極」，相持不下。結茅象山，學徒大集，逾數百千人。

朱陸異同：

1. 朱子倡唯理論，心外有理，致知在格物，對周子無極二字，認為儒家思想的更進一步，贊成張載西銘萬物一體古今一元之說，陰陽為氣乃形而下，道學問，尚經驗，用歸納法，學者須先博後約。

2. 陸子則倡唯心論，心外無理，學而知本。懷疑周子太極圖說與通書不類，否認張載西銘之說，謂人乃父母所生，與乾坤無干，以陰陽為道，形而上也。尊德性，重直覺，用演繹法，學者須先約後博。

3. 朱子近於佛教漸悟派，與西洋法蘭西斯培根類似。陸子則近於佛教的頓悟派，與法國笛卡兒相類似。

（三）宋之理學濂洛關閩四派之傳人

1. 濂洛關閩四派

周子為道州（湖南道縣人），居濂溪，二程為洛陽人，朱子為安徽婺源人，曾在福建講學，故被分為濂洛關閩四派：

程學後繼者，有謝良佐、楊時、呂大臨等，均以心以天釋仁，通天地只是一氣，宇宙萬物，不外氣之離散。

朱子門人有蔡元定、黃幹、陳淳等，均重性與天道，窮理格物。後繼者則有魏了翁等。

陸子門人有楊簡、袁燮、舒璘等，均重心即理之觀念。

2. 浙東學派

呂祖謙，號東萊，初時性極褊狹，病中讀論語，「躬自厚而薄責於人」句，遂省悟，其後終身心平氣和，與朱子為友，同集近思錄。為鵝湖之會發起人。

陳亮，初善談兵，後讀書自孟子以下，惟推王通（文中子），其學主致用，而非當時性理之說。

葉適，號水心先生。南宋學術界本分朱陸兩派，水心自成一家，而成鼎足。水心認為孔子道統，曾子不得其傳，此看法與程朱相反，水心懷疑管子，詆老子，對考證古書正偽，頗多批評。

3.朱子在中國學術史上的地位

朱子哲學思想，集宋代理學之大成，以二程唯心論為出發點。朱子更進一步改造佛、道、玄學、經學，以後主張世界係由「理」而產「物」，「物」再回到「理」。

朱子的美學思想，指出：「美者聲容之盛，善者美之實也。」而朱子認識的目的，在於「力行」，故特重知行關係問題，而提倡道德的實踐，從而朱學成為儒學重鎮，也奠定朱子在中國學術史上的地位。

三、元代理學

自石晉割讓燕雲十六州，致成異域，以致迄南宋末，理學尚未在北方流傳。唯北方亦受中國文化薰陶，尚知重文，金朝章宗之際，趙秉文、元好問等學人輩出，北方亦重蘇氏之文學，但當時北方偏重騎射而已。金亡，元興，中國又歸統一，南方理學乃逐漸普及全國。

元師南下，姚樞在軍前，重視學人，儒生趙復得姚樞重視，延至燕京，講程朱之學，從者百餘人。

中書省楊惟中，建太極書院，延趙復為師。楊唯中用兵蜀漢，得伊洛之書，運回燕京，建周子祠，以二程、張載、楊時、游酢、朱子六人配饗，理學由是傳佈。

趙復集伊洛書八千餘卷，作傳道圖，列舉目錄，學者得識門徑。而姚樞乃蒙軍幕僚長，後退隱而傳趙復之學。奉孔子、周子、邵、張、二程、司馬光七人之像，刊四書及集注，為元代大臣傳理學之第一人。

元代理學自姚趙提倡後，研究者日眾，共分三大派：

1. 程朱學派

　　許魯齊，曾訪姚樞於蘇門山，官至集賢大學士，兼國子祭酒，其學重「心」，不必拘於氣質，認為義為當然之事，自己可以作主，命為所以然之事，自己不能作主。

　　劉靜修，學宗濂洛，歸於朱子。初許魯齊應召，劉對許言：「公一被命而起，無乃速乎？」魯齊答：「不如此則道不行」。而劉不受集賢之命，謂「不如此則道不尊」。

2. 陸子學派

　　陳靜明，喜讀象山書，及象山門人如楊仲敬等所著書，其弟子有李存等，號稱江東四先生，但陳氏個人無著述。

　　趙寶峰，志尚敦實，不尚矯飾，因讀慈湖遺書，恭默自省，有見於萬象森羅，渾為一體，體認其吾道一貫之意。相信三代之治可復，百家之說將歸於一。有人勸其仕元，說是我是宋之宗子，非不欲仕，但不可仕。趙氏講學之餘，有文集兩卷。

3.朱陸調和派

吳澄，號草盧，主張理氣合一論，又認為主於天理則堅，徇人欲則柔。復提倡明理存心之說。有意調和朱陸，說是朱陸二師為教一也，因二家庸劣門人互相詆訾而分歧。實則既應道問學，又宜尊德性。

鄭師山，覃思六經，尤精春秋，絕意仕進，而勤教學，學生為其成立師山書院。明兵入徽州，因不事二姓，自縊死。其論朱陸，認為陸子之質高明，故好簡易。朱子之質篤實，故好邃密。

四、元代對儒學尊崇

宋代理學，形成新儒學，但陸九淵心學，程朱理學兩派對立。理學本發源於北方，然而隨宋之南渡，周程之學乃在南方流傳，在北方反而消沉，至元代方改變。

忽必烈建元時，開始推行漢法，而尊儒學。早在成吉斯汗和蒙哥由歐洲回師時，征戰中原，羅致以耶律楚材為首的亡金儒大夫，如元好問、姚樞、楊唯中。忽必烈欣然接受元好問等奉予「儒教大尊師」尊號。而聽姚樞等講述三綱五常，正心誠意等治國大道。忽必烈重用姚樞等，並設蒙古國子監，以儒學教育蒙古子弟。除翻譯經史為蒙文，並恢復科舉，以程朱之學考試。

元世祖忽必烈即位後第十一年，取易經「大哉乾元」之義，改國號為「大元」，滅南宋，而統一中國。

文天祥獄中作《正氣歌》，有「讀聖賢書，所學何事？」等句，感人之深，無與倫比。

　　元代疆域建有四大汗國，橫跨歐亞，兵力直達波斯及敘利亞。雖尊重儒學，但政治仍歸失敗，原因如次：

1. 由於骨肉相殘，互爭權位，彼此為仇，致有阿里不哥之亂、海都之亂。
2. 將全國人民分為蒙古人、色目人、漢人、南人，蒙古人自己也分派，甚至社會上劃為十級，有九儒十丐之分。
3. 番僧喇嘛，因受朝廷尊崇，橫暴至極，發掘趙宋君臣陵墓，達一百零一所。戕殺平民，淫辱婦女，無惡不作，為中國歷史上最黑暗的一頁。

元代對中西文化交流貢獻如下：

1. 蒙古版圖擴張，交通發達，陸路起程西亞細亞及歐洲，通過中央亞細亞天山南路，西伯利亞南部，經天山北路。海路發程於波斯印度海岸，經印度洋、中國海而抵泉州等口岸。
2. 中國之造紙術、印刷術、火藥、紙幣傳入歐洲，影響至大。
3. 十字軍東征失利，蒙古二次西征後，羅馬教皇曾派人東來，至忽必烈逝世之時（公元一二九四年），已有受洗信徒達六千人，譯《聖經》，建教堂，元亡，隨之消失。

五、明代理學

　　明代初葉，理學以程朱為主，後葉則王守仁發揚陸學，王學大盛。惜王學以發明我心為主，疏於讀書窮理，末流則獨斷狂禪。

　　明代憲宗化成之後，科舉制度規定用一定格式，所謂八股文。顧炎武云：「八股之害，甚於秦之焚書。」

洪武年間解縉上萬言書，建議以關、閩、濂、洛上接三代，乃開官修理學先聲。

明代所編《四書大全》、《五經大全》、《性理大全》，由胡廣等人編纂，成祖親自主持。

三部大全一出，士子競以熟記強習為能事，置其他學術於不顧。但仍有少數學者崛起，如：

(一) 元時趙復、許衡在北方傳程朱之學。金履祥、許謙在南方傳程朱之學，已開程朱學獨盛之端緒。但末流因過於篤守宗說，而趨迂腐，引起反動！

　　吳與弼，字康齋，其學全本程朱，謂聖人所言，無非存天理去人欲，有詩云：「澹如秋水貧中味，和似春風靜後功。」

　　薛瑄字敬軒，認為「為學之要，莫切於動靜，動靜合宜者，便是天理，不合時宜者，便是人欲」。

　　英宗時，陳獻章倡「端坐澄心」，其說與陸子相近。開反朱之端。

(二) 王守仁，世稱陽明先生。倡知行合一說，擴充了陸九淵學說，明代後期，王學盛極一時，王氏乃集心學之大成。

　　王氏築室陽明洞中，靜坐，終悟「仙釋二氏之非」。在京師與湛若水一見定交。宦官劉瑾，作惡多端，逮南京給事中御史戴銑等人，守仁抗章救之，被廷杖四十，貶龍泉驛丞，萬死一生，乃悟格物致知之旨，時年三十八歲。

王氏學說，有下列諸說：

1. 心即理說：朱陸對立，由於朱主性即理說，陸子主心即理說，陽明採陸子之說，認為萬事萬物之心，皆包含於吾之心中，吾人心中即有萬有之理，外吾心即無物理。

2. 知行合一說：陽明之知指政治、道德等類一切人事之知，主張由知以行，由行以實其知。

3. 致良知：「良知只是一個天理，自然明覺靈理處」（傳習錄上），又云：「天理之昭明靈覺所謂良知也」（同上）。

由於陽明之反對朱子，主要因宇宙論觀點不同而引起：

1. 朱子倡理氣二元論。

2. 陽明認為理氣一元，故其有詩云：「無聲無臭獨知時，此是乾坤萬有基」（見全書第二十六）。

3. 陽明亦主張心物合一，故曰：「無心則無身，無身則無心」（傳習錄下）。

（三）王門弟子及反對派

1. 王門弟子

陽明歿後，弟子可分為數派，依照儒學案，主要派別如下：

浙中學派：王畿與錢德洪均屬此派。王畿即王龍溪，年八十，仍然講王學。八十六歲卒。日本中江藤樹讀《龍溪全集》，對王學感歎不已，王學遂傳入日本。錢德洪以為心之本體，無善惡，人有習心，故須先誠意，做格物致知工夫。

泰州學派：王艮（字心齋）以格物立身之本。吾身之上下左右前後皆物，絜矩在其格。首須安身立命，止於至善以安其心。

南中學派：羅欽順提出理一分殊說，認為太極為眾理總名，依萬殊一本之理而束。日本德川時代漢學家具源益軒對此說最為欽佩。

2.「明代哲學」最後一人的劉宗周

　　劉宗周號念台，服膺存天理滅人欲之說，建蕺山書院，學生千餘人。崇禎時，上書請斥庸人，誅誤國之臣。福王弘光元年，聞史可法戰死，絕食殉國，年六十八。

　　念台初學程朱之學。學周子太極圖說而作人極圖，本於易，由宇宙說起而及於道德。曰：「無善而至善者心之體也，繼之者善也」。

　　念台厭惡晚明陽明學說空疏放逸，獨倡慎學說，以匡良知而免虛誕，更提倡節義，但仍無補時艱，顯示中國思想界忽略治國平天下經世之道。確屬通病，值得反省。

3. 心學的反對者

　　王廷相。曾遭宰相嚴嵩之忌而入獄。主張「氣者造化之本」、「道體不可言無」，又說：「氣，物之源也，理，氣之具也，器，氣之成也」（見太極辨等篇）。

　　李贄（字卓吾）。屬於十六世紀之際中國啟蒙早期思想家。曾謂「人人皆以孔子為大聖，吾亦以為大聖。皆以老佛為異端，吾亦以為異端，以所聞於師父之教者熟也，師父非真知大聖與異端也。」（見續焚書，題孔子像於芝佛院）。主張：「各從所好，各聽所長」。

　　方以智。生於萬曆三十九年，卒於康熙十年，父為閹黨陷害入獄，以智上書請求代父獄，父得減刑。李自成攻入北京，指名以智留用，以智投奔南明，終為清廷所捕，死於途中。以智主張「天地一物也」（見物理小識），又云：「一切物皆氣所為也，空皆氣所實也。」（同上）「物物之生機皆火」（同上）。

六、清代哲學

（一）明清之際三大家

1. 明清之際的中國思想界

晚明時期，繼泰州學派出現東林及復社，以書院講學，或結社論學，從而「諷譏朝政，裁量人物」（《明史·顧憲成傳》），終於造成東林黨與非東林黨之爭。

清初，鑒於東林黨爭，為籠絡學者，大興考證論撰事業，乃有《佩文韻府》、《淵鑑類函》、《康熙字典》、《大清會典》、《十三經校勘記》、《圖書集成》、《皇詣經解正續篇》以至《四庫全書》等之編印。清代經學，乃由漢學訓詁，宋學義理，轉為考證。

陸稼書說：「明末騷亂，實陸王之學所造成」。而明清之際，仍產生三大家：

黃宗羲，生於明萬曆三十八年，卒於康熙三十四年。父為魏忠賢所殺，宗羲年十九入京訟冤，當廷錐刺閹黨許顯純，其後師事劉宗周。在哲學上，宗羲總結宋明以來關於理、氣、心、性之爭。提出理氣心性統一說：曰：「離氣無所謂理，離心無所謂性」（明儒學案卷六十二，蕺山學案）。

顧炎武，為清代考證學開山祖。生於明萬曆四十一年，卒於康熙四十一年。炎武批判陽明心學，等於魏晉清談。主張博學於文，行己有恥。王弘撰《山誌卷》三云顧氏「著述繁富，卷帙之積，幾於等身。」

王夫之，生於明萬曆四十七年，卒於康熙三十一年。夫之隱居四十年，著書百餘種。對於理學之本體論，人性論，認識論等，均加批判，認為「氣外無理，天下惟器。」（見《讀四書大全說》）。

2. 顏李學派的興起

明清之際三大家的同時，或應三大家之提倡而起，尚有下列諸家：

孫奇逢，生於萬曆十二年，卒於康十四年，魏閹陷害左光斗等志士，奇逢傾家蕩產以救之，聲名震全國。明末歸隱，清廷五次徵召而不赴，隱居著述，以理學家自居，欲調和朱陸，主張治學與治世相結合。

陸世儀，生於萬曆三十九年，卒於康熙十一年。初事劉宗周，後歸於程朱，與陸隴其（稼書）並稱二陸。曾云：「凡經皆體，凡史皆用，不知經，內聖之學不明，不讀史，外王之道不具，二者不可偏廢也」，（見《讀史筆記・自序》）。

李顒，字二曲，生於明天啟七年，卒於康熙四十四年。講學關中。為學主經世致用。其後則探討義理心性，倡反身悔過之學。

顏元，號習齋，生於崇禎八年，卒於康熙四十三年，一生反理學，斥朱王，認皆空談，不合實用。唯有孔門「博學以文，約之以禮」，才是真學問。認為詩書六藝以及兵農水火皆「文」。冠婚喪祭，衣食住行，皆「禮」。並主理氣合一的人性論，性形合一的人生觀。（均見顏習齋學案）。

李塨，別號恕谷，習齋曾師事李塨。李則遣子師事習齋，恕谷一生亦反理學，亦認理學亡明。主張「理事

116

合一論」，反對置理於萬事之上，又主「敬事合一論」，反對主「敬」。

顏李二家提倡實踐，李塨也發展顏元經世之學，而成顏李學派。

3. 乾嘉學派的貢獻

時在乾隆與嘉慶時期，故稱乾嘉學派，因追崇漢代古文經學之風，又稱樸學、漢學。此派貢獻在於對儒學之考據訓詁。

乾嘉之前，如孔廣森治公羊，均已開始注重深入研究古之經典辨其正偽。毛奇齡生於天啟二年，卒於康熙三十五年，喜駁朱子，也批駁同時人之顧炎武、閻若璩、胡渭。閻若璩生於崇禎九年，卒於康熙四十三年，著古文尚書疏證等書。姚際恒，生於順治四年，卒於康熙五十四年，著九經通論，多所辨正。胡渭及顧祖禹，均以地理之學見稱。朱彝尊徐乾學二人對經籍亦多考證，亦皆明末清初之人。

乾嘉經學則分兩派：

吳派：惠棟為首，生於康熙三十六年，卒於乾隆二十三年。自稱「余家四世傳經，咸通古義」。時人目之為「純粹漢學」。弟子有江聲、王鳴盛、錢大昕等皆名家。

皖派：戴震為首。受學於江永，與惠棟、錢大昕、紀昀諸人均相交。戴氏主張理欲統一論。又說：「善，曰仁、曰禮、曰義，斯三者，天下之大衡也。」（見《原善卷上》）。弟子段玉裁、王念孫皆名家。

乾嘉時代，經學名家輩出，對中國傳統儒學，做了初步的總結。

（二）今文經學

1. 常州學派

漢代今文經學，長期居於主流地位。清代古文經學既以反宋學起家，今文經學遂亦奮起，乃有常州學派的產生。

清代今文經學，首倡人為莊存與，繼起則有劉逢祿、宋翔鳳，三人均常州人，故稱常州學派。

劉逢祿為莊存與外孫，從外公治公羊，盡傳其學，為常州學派奠基人。

宋翔鳳，亦存與外孫，與逢祿並稱，後曾就學於段玉裁之門。

2. 常州學派之繼起人

龔自珍，生於乾隆五十七年，卒於道光二十一年，拜劉逢祿為師，專治公羊春秋。

魏源，生於乾隆五十九年，卒於咸豐七年，與龔自珍，林則徐友善，依照林則徐所編四洲誌，另編「海國圖誌」介紹世界地理，日本人得之，促成明治維新。

清代今文學家，經龔魏等之努力，更能重視經世致用之學。

3. 廖平與康有為及梁啟超

龔魏由經學進而學術政治，至廖平及康有為，將學術與政治相結合而推向高潮。

廖平，一生著述一百五十種以上，治學以尊孔及尊經為主。

康有為乃戊戌改變之首腦人物，著有《新學偽經考》，《孔子改制考》等書，其門人梁啟超為一代文豪。譚嗣同則著有《仁學》。

（三）孫中山先生的哲學思想

中山先生學貫中西，民國八年，杜威博士訪孫先生上海，長談之餘，杜威感歎：「孫逸仙博士不特是二十世紀最偉大的政治家，也是二十世紀最偉大的哲學家。」，錢穆著《中國思想史》，指出代中國能稱為思想家，實推孫先生為第一人，孫先生哲學基於中庸之道，具有超越性，其哲學思想體系，可分析如次：

宇宙論。孫先生宇宙論為宇宙進化論，本體論則指出心與物本合而為一，較之羅素等哲學名家的中立一元論，更為透澈。

認識論。認識論研究認識的起源問題，認識的對象問題，以及認識的範圍問題等為主。認識的起源問題，向有理性論與經驗論之分。例如笛卡兒云：「我思故我在。」即指出唯有理性，才是認識的起源。但洛克的經驗論，則指出唯有經驗，才會認識。而批判論，則以認識之資料，固由經驗來而，但認識的可能，必經理性。康德即持此說。孫文學說云：「智由何生，有由於天生者，有由於經驗者，有由於力學者」，此與康德見解，可謂先後映輝。

而認識的對象問題，則有觀念論，（如巴克列云：「存在即被知覺。」）；實在論，指認識之對象，乃能離主觀觀念而獨立的外界事物；批判實在論，認為人能認識外界事物，必有一種張本，乃邏輯上的「知素」。孫文學說則認為人有稟賦，具理則的感覺，由能知之心，運用思維理則，推知外界事物理則，以知外界事物。此看法與批判實在論相似。而認識的範圍問題，有獨斷論、懷疑論與實證論（如孔德）。中山先生直指宇宙之範圍即認識之範圍。

中山先生的歷史哲學乃民生史觀，其人生觀三大主張乃心物合一、知行合一與天人合一，期待人類能由排除獸性，發揮人性，進入神性。

中山哲學思想對於中國儒學其有總結作用，而且溶入西方現代思潮，促進東西文化的交流。

康有為、廖平等固已代表晚清儒學，且經俞樾（著《群經平議》）、孫詒讓（著《周禮正義》），復有王先謙繼阮元所刻皇清經解（刻於乾嘉時期）後刻續編，（王氏卒於民國六年），皮錫瑞著經學歷史（皮氏卒於光緒三十四年）等，故已顯示清代儒學者，對於群經，已有總結成績。

中山先生尊崇儒學，對於大學的正心、誠意、修身、齊家、治國、平天下的道理，認為乃中國文化中難能可貴的政治哲學，對於中國的民主思想，也指出其歷史淵源，所以中山先生主張不但要恢復中華民族的固有道德，也更恢復中華民族的固有智能。實等於為儒學做了總結。

中山哲學思想涵蓋民族哲學、民權哲學與民生哲學。跨越西洋近代以來的哲學的自由主義、功利主義、浪漫主義、理想主義、共產主義、直覺主義、實驗主義以及邏輯實證主義的創見與理念。

世界人類學權威英國濟斯爵士所言：「孫逸仙博士的三民主義，實為中西文化交流的結晶」一語，殊非過譽。而陶恩比直指二十一世紀將為中國人的世紀一語，也非無的放矢了。

第三章　當代新儒學

第一節　當代新儒學的醞釀

一、西學東漸的刺激

鴉片戰爭（一八四〇年，清道光二十年）以後，繼《海國圖誌》等書之刊行，又有徐繼畬《瀛海志略》等著作的出版，國人逐漸感受西學的訊息。

繼天主教及基督教傳教士的東來，所辦刊物（如《萬國公報》）及學校的開辦，促進中國走向現代化，形成極重要的推動力。

若干知識份子對中國積弱的病因，歸罪於儒家學說的束縛，因此儒學必須尋求新的生機。

二、清末民初西方哲學思想的介入

清末嚴復譯介英國赫胥黎的《天演論》，因之物競天擇等觀念開始流行。

李石曾介紹俄人克普泡特金的《互助論》，以對抗《天演論》的強權論點。

王國維介紹康德、采尼、叔本華等的德國哲學。

李石岑主編之《民鐸雜誌》則在民國十年出版了柏格森專號。

五四運動之際，胡適介紹了杜威的實驗主義，這時期羅素也來中國講學，而「印度哲學」的課程，亦在北京大學開講。共產主義、自由主義等思潮，均於「五四」前後傳來中國。

三、民初大師

國學大師章太炎亦認真研究哲學，史學家夏曾佑研究宗教哲學，蔡元培則主張以美育代宗教，而胡適中國哲學史大綱上卷出版（民國八年）了。這時期雖沒有人翻譯過西方哲學史，但哲學的研究，自五四以後，逐漸展開了。

章太炎的哲學，企圖融會佛老，佛學大師歐陽漸則欲融會佛儒。

民國十年梁漱溟發表「東西文化及其哲學」，轟動一時，他與熊十力，均在支那內學院問學於歐陽漸。馬一浮深研文化哲學，指出論語包括了六藝的大義。

民國十二年張頤（字真如）先生，先後留學美、英、德十餘年，在牛津大學撰有「黑格爾哲學的倫理學說」博士論文，回國主持北大哲學，中國才真正有近代標準的哲學研究。張東蓀、瞿菊農等於民國十六年創刊《哲學評論》，中國才有真正哲學專門刊物，民國二十四年中國哲學會成立，舉行了第一屆年會，民國三十年哲學會才有西洋哲學名著論譯委員會的成立。爾後名家如金岳霖的數理邏輯等名著，逐次出版，以至馮友蘭新理學等名著的出版，而鄭昕之研究康德。陳康研究柏拉圖，都成了真正的專家。沈有鼎，則預見積極的宗教，必然興起。而謝幼偉、黃建中等之於倫理學，均有特殊成就。又如黃方剛之道德學（民國二十四年出版）也很卓越。

宗教哲學方面，謝扶雅、趙紫宸及曾寶蓀女士，都十分深入。三十年代，維也納學派崛起，洪謙親炙於石里克教授，乃以介紹該學派理論為終身職志，此即當代新儒學醞釀的學術背景了。

第二節　當代新儒學代表性人物的思想簡介

一、新儒學奠基人

熊十力（一八八五～一九六八年）於民國三十三年出版《新唯識論》，首稱：「今造此論，為欲悟諸究玄學者，令知一切物的本體，非是離自心外在境界，唯是反求實證相應故」。可知熊氏重視體驗，亦即重力行之主旨。

熊氏認為宇宙實體或物之本體，即是人之本心，宇宙與人，為同一大生命。主張立於體用不二之上的「性體自證」學說，亦即儒學思孟陸王的「反身而誠」、「自存本心」與禪宗「頓悟冥證」相結合。由此生命哲學反顯出道德形上學。熊氏與柏格森，皆以生命規定本體，宇宙的生命，亦即吾人之生命。

熊氏著作繁多，晚年所著乾坤衍於一九五九年刊行。乾坤衍的本體論、宇宙論、人生論，乃延續新唯識論的實體，乃是先生不已的宇宙生命，內化為人之性，亦即道德理性。實體有精神與物質兩者，衍化為宇宙自然、社會文化。

二、新儒學第一代代表人物

（一）梁漱溟（一八九三～一九八八年）

梁漱溟基於對生命的熱愛，企圖建立新孔學，認為西洋文化與吾國國粹，可以互相裨益，因此他反對唯科學主義的全盤西化論。指出中國文化本身就是一種世界文化，所以他寫了中西文化及其哲學之後，又寫中國文化要義，以申論之。

梁氏借助柏格森生命哲學，因為柏格森對科學方法的批評，目的在於反省歐洲十八世紀以來理性主義的傳統。梁氏說：「宇宙是一個大生命，從生物進化史，一直到人類社會的進化史，一脈下來，都是這個大生命無盡已的創造，一切生物、自然，都是這個大生命的表現。」

梁氏為實現其理念，曾在山東辦理七年多的鄉村建設實驗，以期證明孔子對於生命，本體的追求，實即對道德、仁的追求，換言之，借助柏格森生命哲學，架構其新孔學的內涵。

（二）張君勱（一八八七～一九六九年）

張氏早歲留日、留德學習政治學等法科，一九一八年與梁啟超歐遊，考察歐戰以後的歐洲情況，訪問了德國哲學家倭鏗，乃向倭鏗專政哲學，並拜見柏格森及杜里舒，一九二二年為杜氏來華講學，擔任翻譯。翌年挑起人生觀論戰，一九三〇年在燕京大學講黑格爾哲學，一九三二年與張東蓀等創辦中國國家社會黨。一九四〇年在雲南開辦民族文化書院。一九四一年與梁漱溟等，成立「中國

民主政團同盟」，一九四九年赴印度講中國哲學，一九五七至六二年發表《新儒學思想史》一書。

張氏堅持以儒為本，主張個人自由只有在民族大自由中，才能得到保障，同時應吸引西方文化，建構具有現代意義的新儒學思想體系。張氏的思想立足點乃新玄學。與梁啟超歐遊時，梁氏回國寫「歐遊心影錄」，張氏則服膺孔子所說：「志士仁人無求生以害仁，有殺身以成仁。」這也是羅素在《中國問題》專著中，所贊揚的中國人的人生合理態度。

張氏從康德的道德哲學裡，認為人類應有獨立的人格，政府應在尊重公民人格的基礎上立法或行政。

（三）馬一浮（一八八三～一九六七年）

馬氏天資過人，八歲學詩，九歲能誦《文選》、《楚辭》，十九歲娶妻，翌年妻死，終身不娶。到上海與謝無量等習英、法、日等國語文。一九○三年赴美，研究西洋哲學，兩年後回國，赴日留學。一九○五年隱居於杭州西湖，廣閱文瀾閣《四庫全書》，致力於訓詁考據之學。與蔡元培、馬君武、梁漱溟、熊十力、湯用彤等交遊密切。一九三二年，入川，辦復性書院。一九六七年逝世時，有詩云：「乘化吾安適，虛空任所之。」

馬氏主張以儒學六藝賅攝一切學術，並觀其會通儒學，惟有儒學才真正圓滿體現和代表人類學術與文化的根本目的與方向。

馬氏著述，有泰和會語，宜山會語及復性書院講義等書，學術思想，旨在統合儒、釋、道三家於一爐。

三、新儒家第二代代表人物

（一）馮友蘭（一八九五～一九九〇年）

　　馮氏於一九一九年通過國家考試，留學美國哥倫比亞大學，獲哲學專士學位，返國任教燕京等大學，所著《中國哲學史》，被認為權威之作。其學術中心在於建立新理學。抗戰時期，他的哲學著作，包括《新理學》、《新事論》、《新世訓》、《新原人》、新原道《》、《新知言》等書，而形成其新理學體系。新理學體系，旨在沿著宋明理學中程朱理學的思路，借鑑西方新實在論的觀點，運用現代邏輯分析方法，辨析事物共相與殊相的關係，認為「理世界在邏輯上先於實際世界」，亦即所謂理在事先。而在文化上，反對中國本位文化論，也反對全盤西化論，而主張融合中西文化，中西文化應互為補充，相輔相成。

　　馮氏把生產社會化，認為乃中國走向近代強國之路的大道，把人生價值的實現，歸結為對人生意義的理解，又把人生哲學歸納為三大類型，所謂益道、損道和中道。人要追求幸福與快樂。但要快樂與幸福，則在發揮人的自身作用，用人的自身力量去改造世界。馮氏把墨家、楊朱以及西方笛卡兒、培根、費希特等人的人生哲學，皆歸納在益道與中道之內，不偏重自然，也不偏重人為，兩者必須合而為一。

　　馮氏認為理及真元之氣，均不在時空而超時空，而宇宙之無極而太極，即真元之氣，由無極至太極中間之過程，即為我們實際的世界。馮氏傾向於新實在論，而與維也納學派有所同調。

（二）賀麟（一九〇二～ ）

賀氏於一九二六年赴美留學，在哈佛聽過懷德海的課。通過研究斯賓諾沙的實體哲學，而接受以魯一士為代表的新黑格爾主義。再入柏林大學，研究德國古典哲學。其後返國與金岳霖、馮友蘭等主持西方哲學名著翻譯工作。賀氏為黑格爾哲學專家，從而企圖建立其新心學。

賀氏的新心學，旨在結合黑格爾的唯心論與陸王心學，對馮友蘭重程朱而輕陸王，頗為不滿。因為賀氏贊同「心為物之體，物為心之用」。賀氏認為儒家思想，包括三方面：有理學，以格物窮理；有禮教，以磨練意念，規範行為；有詩教，以陶冶性靈，美化生活。從而主張吸收西方蘇格拉底、柏拉圖、亞里斯多德、康德、黑格爾的哲學，與孔孟程朱陸王的新心學相會合。吸收基督教精華，充實儒家禮教。以西方藝術，發揚儒家的詩教。

賀氏所著《當代中國哲學》一書，對熊十力、梁漱溟、馮友蘭等新儒家，上溯康有為、梁啟超、孫中山等，均有評介，尤對孫中山先生知難行易學說，給予高度評價。

（三）錢穆（一八九五～一九九〇年）

錢氏自學成名，由任教小學而至大學。美國耶魯大學授予榮譽人文博士學位。自小遍讀五經及諸子、史記、漢書、宋明理學、姚曾古文、魏晉小品、唐宋文集、六祖壇經、嚴譯西著，以至乾嘉名著，從而積極著述。尤以《國史大綱》一書之刊行，顯示錢氏樹立儒家新史學之用心。認為儒家以心學與史學為一體兩面，內心外史。

錢氏宗孔孟而尊朱子。提出儒家心學觀，仁及人心之本體，推許朱子集心學的大成。認為物依心為主，盈天地皆一德一性的相

通，德性的表現為道，主張人心我心即天心。即心即道。而錢氏認定文化即人生，人類文化可分三層次，第一層為物質的人生，第二層為社會的人生，第三乃精神的人生。

錢氏主張新中國的文化，應從舊中國文化中翻新，方能做到文化的復興。中國文化以人文精神為中心，注重融和合一，以及歷史精神教育精神相輔相成。錢氏指出：周公對夏商兩代的興衰，認為「天命靡常」，而提出「敬德」思想，此一傳統為孔子所繼承，故儒家思想以人為中心，強調性道合一。

（四）方東美（一八九九～一九七七年）

方氏於金陵大學畢業後，赴美留學，入威斯康辛大學，研究柏格森的生命哲學。再入俄亥俄大學研究黑格爾哲學。再又到威大，研究英美新實在論，獲博士學位。方氏志在會通中西哲學，自謂融合儒、釋、道，其哲學智慧，從大乘佛學中領悟。哲學方法，則從西方哲學中提煉，欲建立生命精神學。由於方氏極富詩人才氣和情感，其中文固然典雅深邃，英文更是維多利亞式英文的美妙。方氏詩哲洽通，表現出至美的境界，體認人既是物質的，又是精神的。

人與宇宙的關係，是人之生命與宇宙相連，方氏的生命精神學，分析了宇宙與人生是圓融和諧的。而中國人生命精神，乃廣大和諧的生命精神，亦即天人合一的境界。

方氏基於其生命精神學的理念，主張先由「自然人」，具有健康的體魄，進而做一個「知識合理的人」，有生命的活動力。然後提升為「符號人」，創造出一種美的藝術世界，例如詩人，畫家、文學家、雕刻家，建築師等。再提升其高尚的人格，成為「道德人」，又進而成為「宗教人」，因為「宗教人」能囊括宇宙一切秘密。此

一「宗教人」，方氏指稱：儒家之「聖人」，道家的「至人」，佛家的由人性到「佛性」，基督教稱之為「God Man」，其意義是相通的。

四、新儒家第三代表人物

（一）唐君毅（一九〇九～一九七八年）

唐氏十六歲入北大，聽過梁啟超、胡適、梁漱溟的演講，後畢業中央大學哲學系，從方東美、湯用彤處瞭解西方新實在論哲學。從熊十力處，瞭解新唯識論。又自學數學微積分、讀了不少西方科學著作，並看摩根、亞歷山大、懷德海等著作，而走上西方唯心論之路。並接近於黑格爾的哲學，因為他一方面讚賞康德的「超越的統覺與理性」，菲希特的「純粹自我」，從而他領悟了「超越唯心論」，竟能一天就寫出一萬多字論文。

一九四九年唐氏與錢穆、張丕介、程兆熊等在港創辦了新亞書院，授課並舉辦文化講座，後併入香港中文大學，但據說「受夠了洋氣」而退休。唐氏早期著作《道德自我之建立》，論人類道德生活本質，首先是自律性，次為自由性，再則超越性，從而反對快樂主義，功利主義。唐氏認為心本體，是完備和至善的，人生一切活動，都是上升於精神實在的活動。而中國文化的精神價值，乃是文化生活的日常化。日常飲食、遊戲中，都有禮樂精神，文化的陶冶，藝術的趣味，重友道，輕朋黨。中國文化視藝術為人的性情與胸襟的自然流露。唐氏認為中國文化以人性即仁心，人心即天心。不同於基督教言博愛在上帝，佛家的慈悲在佛心。

唐氏所建立的學說，精華在心通九境的唯心論體系。人的心靈活動有縱觀、橫觀、順觀的三方向，而有體、相、用的九境。九種

境界，一為客觀境界，包括萬物散殊境，依類成化境，功能序運境。二為主觀境界，包括感覺互攝境，觀照凌虛境，道德實踐境。三為超主客觀境界，包括歸向一神境，我法二空境、天德流行境。以上理念，實已包含了中國、印度、西洋三方面的自然科學、心理學、哲學、美學、倫理學與宗教等等知識範疇。唐氏此說與黑格爾皆重主觀精神。唐氏學術，旨在建立「人文宗教學」。

（二）牟宗三（一九〇九～一九九三年）

　　牟氏於一九三三年畢業北大哲學系，深受張申府、熊十力之影響，長期出入懷德海、羅素、維根斯坦與康德之間，對於易經，無論漢易、晉易、宋易、清易，皆能深入。大學畢業後入天津社會科學研究所與張東蓀、羅隆基交往，而加入國家社會黨。參觀梁漱溟鄉村建設研究院，與梁頗不相契，即離去。抗戰時在雲南入民族文化書院，後任教西南聯大。一九四五年任教中央大學，一九四八年寫重振鵝湖書院緣起，而首次提出「儒學發展三期說」，認為自孔孟至董仲舒為第一期，宋明理學為第二期，今則為第三期，主張道統、學統、政統三者並建。一九五〇年在台師範大學主講邏輯。一九五六年轉至東海大學任教。一九六〇年離台赴港，應唐君毅之邀，任新亞書院哲學系主任，退休後仍講學台港之間。

　　牟氏被認為自王陽明以後，繼熊十力理念，為具有自近代至現代，乃真正中國哲學水準的第一人。以康德哲學精神，建立其道德形上學。與唐君毅同為熊十力之後的兩大哲人。牟氏為人性格嚴峻，痛批自由派學者胡適等人，也批評熊十力、梁漱溟、馬一浮、馮友蘭。在一九九〇年十二月，台北舉行「當代新儒學國際研討會」，牟宗三直指上述諸人，「都缺乏足夠學養」。牟氏學養，自大學時期，即研究懷德海及其學生羅素合著的《數學原理》開始，而

著《邏輯典範》一書，進而對康德哲學加以省思。康德自認其哲學為「批判哲學」。康德將世界分為現象與物自體，人只能認識現象。物自體的認識，只有上帝才可做到。牟氏則將物自體理解為「高度價值意味的概念」。

牟氏指出，康德認為人是有限的，所以不能認識物自體。但是人具有道德實體，亦即良知，良知乃道德實踐的根據。良知有其形上學的實體意義，良知明覺，即天地萬有的存有論的根據。牟氏更指出，耶穌的宗教實踐，是將道德實踐與宇宙本體分開為二。耶穌對上帝的肯定，認為在上帝面前，世俗一切皆無足輕重，所以為了救贖世人，耶穌才去十字架受死。

（三）徐復觀（一九○三～一九八二年）

徐氏少年時期就讀於湖北省立國學館，參加過國民革命軍，後赴日本，入士官學校，由孫中山而知道馬克斯理論，九一八事變後回國，任軍職，抗戰期間，被派往延安，任聯絡參謀與毛澤東常見面。民國三十二年返重慶，任蔣委員長侍從室第六組副組長，參與機要。同年，在勉仁書院拜謁熊十力，乃決心做學問。抗戰勝利後，以陸軍少將退役，創辦學原月刊，而認識許多文化界人士。後在香港辦民主評論，寫了大量政論文字。一九五八年一月與張君勱、牟宗三、唐君毅，共同發表《為中國文化敬告世界人士書》。徐氏其後分別執教東海大學等校，亦在新亞書院任教。

徐氏提出所謂「人性的形而中學」，通過人性分析強調心的價值，貶抑物的價值。徐氏不同意把儒家心性之學，看作形而上學，包括梁漱溟的「宇宙大生命」，「生命通乎宇宙萬物而為一體」。熊十力體用不二，天人不二。唐君毅、牟宗三的天人合德，天人不二。徐氏認為中國文化特點為「形而中學」，而非「形而上學」。因為中

國文化乃心的文化，心乃自足的價值泉源，而不同於由信仰或思辨所建立的形而上之學，當然更非形而下了。

徐氏更主張：民主政治乃人生之門。要真正建立人文世界，首先必須建立民主政治。中國文化的漏洞，在於中國知識份子，熱中科舉八行，人生不能從政治中解放出來，以從事於多方面的發展。徐氏認為中國兩千年的專制，乃中華民族一切災禍的總根源。此即不同於張君勱、錢穆等的觀點，張、錢均對專制制度有所辯護。

五、新儒家第四代的代表人物

（一）劉述先（一九三四～）

劉氏家學淵源，祖父及父親均禮儒敬佛，其父亦為熊十力晚年學生。一九四九年劉述先來台求學，考入台大哲學系，從師方東美、陳康等人，方師博大才思，陳師沉潛思辨，以及殷海光等老師，均對劉述先有影響。在研究所時，劉氏專攻卡西勒符號形式哲學。一九五八年至東海大學執教，當時張佛泉、徐道鄰、牟宗三、徐復觀均在東海執教，劉氏則介紹卡西勒、史賓格勒、柏格森、克羅齊、凱薩林諸家學說。一九六四年劉氏赴美入南伊利諾大學攻讀博士，在經驗神學家魏曼的指導下，完成宗教哲學的博士論文。尤其田立克的終極關懷，給予更深的啟迪。劉氏畢業後留校執教，至一九八一年轉赴香港中文大學哲學系任教，其後任國際中國哲學會主席等職務。

劉氏對當代形上學，認為必須從「絕對基設」與「終極關懷」兩方面思考。所謂「絕對基設」，就是人們對於世界人生所採取的最基本的觀點與態度，例如存在或虛無，唯心或唯物、至於「終極

關懷」；正如田立克所指出，只有真正的無限者，才能作為吾人終極關懷的對象，此對象就是上帝。不過劉氏對田立克所指：惟有通過基督教，才能真正建立對無限的信仰一節，卻不敢接受。惟有從形而上學的現代觀，再作研究了。劉氏研究的結論，在於認為未來的形上學，乃是將中國傳統哲學與現代基督教哲學相結合，就是直接體證生生不已與永恆超越之天的人之德性仁心。

劉氏學術重點，在於提出「境界形上學」。依據現象學原理，以及存在主義理念，認為人存在的根本問題，即人的終極關懷問題，亦即人作為有選擇自由的存在，以什麼作為境界與最終托付的問題，此即劉氏「境界形上學」追求之目標。

（二）杜維明（一九四○～　）

杜氏一九六一年畢業於東海大學，赴美畢業於哈佛大學獲歷史學與東亞語言博士學位，其後任教哈佛大學，擔任哈佛大學宗教研究委員會主席，東亞語言與文明系主任，北京大學訪問學者，主講「儒家哲學」，並任《東西哲學雜誌》等刊物主編。主持過多次儒學國際會議。

杜氏以奔走提倡儒學第三期復興，而活躍國際學術界，與劉述先、蔡仁厚、成中英、余英時等被視當代第四代新儒家的代表人。杜氏學術重點，在於認為儒學復興必須與當代西方基督教、馬克斯主義、心理分析，以及現象學、解釋學進行交流，並應與中國現代化問題相銜接，而以新加坡模式作為藍圖，杜氏儒學理念，除了文化哲學問題之外，更包含社會學分析。

杜氏致力於儒學第三期復興運動，特別重視儒家企業精神的發揚，而德國社會學家馬克韋伯名著《新教倫理與資本主義精神》一書，指出由於加爾文派強調宿命論，反而激發教徒們在拓展企業

上，更加奮勉精進，同時又在日常生活上，表現了清教徒刻苦耐勞性格。杜氏認為這種情況，也可能發生在儒家身上，因為儒家所具有的處於內聖外王之間的典型困境，極有可能產生一種強烈的內心活力，因而具有韋伯意義上的由宗教向世俗成功的轉換功能。杜氏特重新加坡成功的例證。但是許多學者認為：第二次戰後亞洲許多國家經濟的復興奇蹟，例如日本、台灣、香港、韓國等地區，均視為儒家文化區，乃由於孔子的工作倫理留下的教訓，諸如辛勤、敬業、節儉、效率等美德，有以致之。

（三）蔡仁厚（一九三〇～　）

蔡氏畢業於廣州大學，來台後，經常在香港《人生雜誌》發表文章，一九六〇年由人生雜誌出版《家國時代與歷史文化》一書，唐君毅題簽，牟宗三作序，讚稱蔡氏性情甚厚甚篤。於台中一中擔任老師七年後，三十六歲到大學兼課，初在文化大學開孔孟荀哲學，宋明理學等課，出版有關宋明理學等專著多種，轉入東海大學任教，被視為能傳牟宗三之學的最佳人選，一九八二年在夏威夷出席「國際朱子學會議」，發表論文。

東海大學多次舉辦中國文化研討會。由於東海大學哲學系成立於一九七九年，初時頗為社會輿論所反對，認為哲學課程不切實用。但其後由於多位名家參與，發行之文化月刊及研討會論文集，執筆名家如唐君毅、牟宗三、陳榮捷、謝扶雅、沈清松、謝幼偉、劉述先、金耀基、羅光、鄔昆如、傅佩榮，孫智燊等多人，頗具影響力。社會觀感，亦轉變為重視哲學，認為哲學對人生有安身立命的正面功能。亦可見到蔡氏等獻身哲學教育，其本身亦發揮了哲學家出於思想的道德理念。

蔡氏傳牟宗三學術，重視儒家第三期的使命，一為道統的肯定，二為政統之繼續，三為學統的開出。蔡氏指出：牟宗三思想，已為中國文化第三度的「大合」，做出了「思想開導」與「方向抉擇」的努力。

蔡氏亦重視儒家在中國現代化進程中的地位與作用。其為鵝湖月刊撰述的文字，彙編為《儒家思想的現代意義》一書，頗多闡述。

（四）成中英（一九三五～　）

其父成惕軒為駢體文專家，著有望楚樓詩集等書。成中英於一九四九年，隨父至台灣，原欲走文學之路，但進入台大，聽到方東美老師之講課，乃有志研究哲學，對柏拉圖及《易經》、《道德經》，均加研讀。於台大外文系畢業後，轉入哲學研究所，一九五七年赴美入華盛頓大學，研究邏輯分析哲學與語言分析哲學，且研究康德，並師從奎因教授，得以深入瞭解分析哲學中的邏輯分析方法，進入本體分析，從而創立本體詮釋學。博士論文於一九六三年通過後，全書在荷蘭出版。而當代西方哲學詮釋學，其創始人乃伽達默爾教授。

成氏學術思想，意欲從中西哲學之綜合，進而建立世界哲學，乃有其《中國文化的現代化與世界化》一書，於一九八八年在大陸出版。成氏其他數種有關著作，均在湯一介主持的中國文化書院所舉辦的中西文化比較研究講習班上演講，加以編寫而成。所謂本體詮釋學，詮釋是一種理性的知覺。對本體研究，先從現象分析開始。成氏認為西方哲學主要是知識哲學，而中國哲學主要是價值哲學，兩者正可相輔相成。

成氏亦重視企業倫理，在其《文化倫理與管理》一書，強調儒家的管理理念。儒家管理哲學的重點，在於人性管理。而文化現代

化，必須對內在社會方面，有一個整合。這個整合，主要是倫理整合，進而建立一個具有強大生命力的生活倫理，工作倫理與社會倫理，從而重建儒家的道德哲學。

（五）余英時（一九三〇～）

余氏乃新亞書院第一屆畢業生，為錢穆得意學生。其父余協中教授，為西洋史專家。英時後赴哈佛大學攻讀博士學位。曾任哈佛大學中國歷史教授，並歷任耶魯、普林斯頓等校教席，又任香港中文大學新亞書院院長。不過余氏並不自認為新儒家，甚至也認為錢師亦不一定是新儒家。

余氏認為中國文化的進入超越的價值世界，走的是內在超越之路，亦即孟子所謂：「盡其心者知其性，知其性則知天。」因此中國文化並沒有西方由上帝觀所衍生的精神負擔。因為中國文化認為「人與天地萬物為一體」，「萬物並育而不相害」。五倫表現了人與人的關係，而有天下一家，世界大同的最高的理念。由個人道德精神，可以發展為「人人皆可以為堯舜」，「為仁由己」，此皆中國民主精神的憑藉。

余氏更認為中國人的生死觀，乃由「天地萬物為一體」的觀念延伸出來。因而中國思想家不重視靈魂不滅觀念，而有立功、立德、立言的三不朽信仰。

第四章　中西哲學的會通與融洽

第一節　中國哲學的西傳

自天主教耶穌會教士利瑪竇來華之後，西方傳教士即熱心於中國文化的研究。例如克舍爾神父以拉丁文著《中國圖誌》一書，當時乃歐洲人士研究中國的大辭書。科斯太神父譯大學，應托塞太神父譯中庸，先後於一六六二年及一六七三年出版，且附有孔子傳。而萊布尼茲研讀《易經》等譯本，瞭解中國哲學的精義。所著《單子論》與中國儒釋道的「德性論」相通。一般咸認宗教的任務，在於創造知識，目的在於教成對社會有用的行為，因而孔子思想，成為歐洲十八世紀啟明運動的福音。萊氏於一六九七著《新中國》一書，指出中歐兩大文化，實可互為補益。迄一七六〇年法國伏爾泰大著《世界各國人民風俗論》出版，造成歐洲人士中國哲理大為傾倒，因為歐洲哲學家們，認為中國的道德理念，竟在二千年前，已由孔子大加闡揚，令人欽佩。萊氏並在柏林創立中國文化研究的學會，出版刊物，培養研究中國文化的人才。

受萊氏影響，法朗克於一七〇七年設立東方神學院，有專科研究中國哲學。而吳爾夫於一七二一年在該學院講述中國實用哲學，指出中國古代孔子哲學與基督教義，實屬相通。認為孔子道德學說，不但不與基督教相衝突，而且與自然道德，完全相符。吳氏演講全文，被認為是歐洲學者瞭解孔子哲學的第一篇大文。

　　十八世紀法國重農學派經濟學家癸內（或譯克斯內），認為孔子教人敬天、畏天、愛人，戰勝物欲，應以理性為標準，這種道德教訓，久宜推行全世界。癸內並認為希臘哲學不如中國。當時法王路易十五，重視癸內重農學派主張，一七五六年仿照中國習慣，舉行親耕「籍田」儀式。癸氏被譽為「歐洲孔子」，固非過譽。

　　被推稱為世界首席漢學家的英國理雅各氏，為英國倫敦會來華教士，一八四三年來港，成立英華神學院及聯合會堂，為主任傳道。傳教之餘，全面翻譯中國經典，包括四書、五經以及老莊等典籍，逝世前尚在翻譯《楚辭》。理氏翻譯工作，獲得英國多位研究漢學之專家學者的協助，尤其華人王韜，協助更多，理氏亦因翻譯中國經典之貢獻，先後獲頒文學、哲學及神學等榮譽博士學位。理氏於一八九七年病逝，享年八十二歲。

　　第一次世界大戰結束後，德人斯賓格勒著《西方之歿落》（或譯《歐洲之沉淪》）一書，大為轟動，而老子《道德經》，此際翻譯為歐洲文字者，逾八種之多，遠較十八世紀、十九世紀之譯本為完備。辜鴻銘著《歐洲文化的危機》一書，亦於一九二〇年出版，立即被為德文等文字。一九六〇年美國第二十屆哲學年會，論語一書被譯為世界思想界最有影響力的好書。一九六八年《世界名人年鑑》，孔子被推世界十大思想家的第一人。

第二節　中西哲學的相輔相成

一、中國哲學的基本問題

　　中國文化至周代即達成熟，故云：「周監於二代，郁郁乎文哉。」春秋時期產生不少學問家，如魯之柳下惠，臧文仲、晉之叔同、鄭之子產、齊之晏子、吳之季扎。孔子則為中國哲學之創始人。而孔子學問的特點有三：

(一) 孔子雖不多談天道，但對天仍保持其信仰。

(二) 孔子重人道，欲行其道於天下。人道即倫理道德理念與行為。

(三) 孔子集夏商周學術的大成，又開創了一個新的時代。

　　孔子為儒家創始人，孔子弟子以顏淵最有學問，不幸短命而死，幸有卜商（子夏）、曾子（名參）二人，子夏傳經，曾子傳忠恕之道，而孔子以後，中國第二個大思想家為墨子，墨子講無等級的兼愛，且主非攻。

　　墨子卒後，隱者楊朱，其思想輕物貴身，主為我，拔一毛利天下不為，係對儒墨積極救世活動的反動。

　　儒家因墨楊反對，一時消沉，孟子起而闢墨楊。孟子重人性，主仁義，以盡心知性為生活最高境界，達到萬物皆備於我的狀態。繼有荀子主張制天宰物，以人勝天，以禮義控制性惡。

　　與墨子同時的宋銒，發揮墨學，「求天下安寧以活民命」，楊朱派則有華子。

老子為中國宇宙論的開創人，或謂孔子時期有前輩名老彭者，老彭即老聃。

老子主張天並非根本，有先於天而為天之本者乃是「道」。提倡無為守柔，反對儒墨有為，不贊成楊朱貴生。

老子年代有謂稍前於孟子，惠施則稍晚。因老子反對尚賢，反對貴生，提出「道」，故在思想史上，應在墨楊之後。惠施則主萬物皆為一體，故應氾愛萬物。惠施思想特色，注重物的研究。因好辯，開名家之先。

融合老子及惠施學說成為系統者為莊子，主張返於自然，個人生活最高境界，便是與天為一。

老子惠施之後，又有陰陽家興起，為首者即鄒衍，以五德（即五行）解釋一切：

(一) 鄒衍之大九洲的想像，與世界地理狀況，實際頗為相近。

(二) 鄒衍關於天地事物以及人的歷史，頗能形成系統，但多涉及迷信附會。

(三) 鄒衍的人生理想，與儒家相近。

秦統一中國後，雖因秦之焚書，但仍有中庸、大學、禮運、與易傳及莊子外篇的一部份，皆出現於此際。

漢得天下，道家大盛，而有黃老學，以黃生、司馬談為代表，淮南王書為總結，賈誼綜合之。董仲舒建議獨尊孔氏，但董混合儒與陰陽，惟奠定了中國社會倫理的三綱五常。楊雄則以老子與易傳混合其宇宙論。其人生論則重述孔子。

因陰陽家大興，乃引起王充著論衡駁斥之。後漢中期王符（字節信），主張「道氣二元論」，開宋之「理氣二元論」先河。其後荀悅重法、教，主「天下國家一體」說。徐幹主「德藝合一」，仲長

統則兼尚儒老，為魏晉玄學前驅。魏晉時除談玄理外，亦談「名理」，如劉劭（字孔才）等論「才性同異」。晉之傅玄（字休奕），好言「為天下興利」。玄學大盛之際，佛學傳入。

佛學傳入後，韓愈首排之，亦反對道教，以圖復興儒學。至北宋新儒學遂誕生了。乃有宋、元、明之理學，稱為新儒學。清末民初的新儒學為第二期，繼之有儒學三期的開拓，為二十世紀下半葉的學術盛事。

二、西方哲學的基本問題

西方哲學實際淵源於希伯來信仰，亦即《摩西五經》以及先知書，以至歷史文學等多方面所提示的宇宙、人生、社會的許多啟示。新約《聖經》更有進一步的啟示。

希臘哲學，無論早期晚期，首皆重視天道，亦即宇宙開創者的尋求，提出「道」（邏各斯）的觀念。三大哲學家中，亞里士多德更創有初步系統的倫理學，顯示東方哲學與西方哲學，莫不重視關於宇宙、社會、人生等多角度的探討。

經院哲學時期，已經闡明了創世說、原罪說、救贖說以至三位一體說等基本神學系統，為爾後系統神學奠定鞏固的理論基礎。尤其宗教改革之後，不但新教倫理激起資本主義社會的繁榮經濟局面，而且真正為人類社會解放了思想的束縛，盡量發揮人類的聰明智慧。促成人類社會，從農業社會，進入工業社會，二十世紀下半葉，更進入高科技新工業時期。尤其電腦網路及基因突破，直探生命的起源。而且探索太空的究竟。

西方科學的哲學—為反抗經院哲學，除了出現英國唯名論和經驗論，從羅吉爾、培根開始，以至鄧斯、司各脫（一二七〇～

一八〇八年）主張世界上一切事物都是由形式和物質所構成。威廉、奧康（一三〇〇～一三四九年）主張把理性和信仰分開。從而人文主義興起。意大利哲學家彭波那齊（一四六二～一五二五年）在《論靈魂不死》一書中，認為靈魂乃隨肉體死亡而死亡。進而近代英國經驗哲學興起，唯物主義自然觀，隨之流行。但近代歐洲大陸唯理論哲學，也隨之而來。西方哲學的唯心唯物之爭，迄今仍難解決。

現代西方哲學，由於唯科學主義興起，對科技文明持肯定態度，主張按照自然科學的觀點和方法去理解世界，科學是合乎理性的唯一形式。

(一) 唯科學主義，主張科學只研究現象，不研究本質。哲學也只能研究方法論，不應研究世界的本源。

(二) 唯科學主義排斥研究人的價值問題。

(三) 唯科學主義被認為乃與哲學史上的主觀經驗主義及不可知論，一脈相承。

唯科學主義思潮流行之際到邏輯主義興起，甚至實用化了，但是仍然引起反撲。所以二十世紀五十年代到六十年代，批判理性主義代之而起。

批判理性主義，為奧大利哲學家波普爾所提倡。波氏認為科學方法不是歸納法，而是假設演繹法。科學理論不是來自經驗的歸納，而是來自科學家的靈感或直覺。科學是循著猜測、反駁、證偽，才逐漸接近真理。

六十年代以來，除了批判理性主義之外，又有歷史主義學派興起，由美國康恩教授所首創，以「專業母體」作為整體性概念，主張把科學看作整體性的統一事業。重視科學史的發展。

六十年代之際，另有結構主義的思想在法國興起，取代存在主義。它源於瑞士語言學家索緒爾的結構主義語言學派，索氏針對當時在語言學研究中，佔統治地位的歷史比較語言學，而提出了系統語言理論，並由法國人類學家列維・斯特勞斯，把語言學中的結構主義觀點和方法，看作研究人類社會的有效的哲學觀點和方法。（結構方法、系統方法、模型方法）強調結構的整體性。

三、通往中西哲學相輔相成的途徑

中國哲學的基本問題，在於先由天道的信仰，從而探究宇宙、社會與人生，繼有人道思想的體認。論人道，又涉及人性善惡，人性善惡其原因究竟為何？社會百態又皆由於人性善惡而引起，因之形成人生許多苦惱。受到佛教的影響，援佛入儒，抑援儒入佛，或尋求如何溶儒釋道於一體？又因受到西方哲學的影響，亦進而追求生命哲學的內涵。中國哲學的最終目的，希望實現世界大同、天下一家，但又將如何實現？中國人現在追求的夢想，一般知識份子的目標，主要是標示要趕上西方物質文明，也就是現代化的實現。然而西方物質文明及現代化，本身也充滿不少的病態。危疑震憾之秋，不少人偽藉宗教之名，混水摸魚。人生究應如何安身立命，一直困擾大眾的心靈。

西方哲學與中國哲學，無論天道人道，其哲學範疇實際如出一轍。蓋因「東海有聖人焉，西海有聖人焉，其心同，其理同。」但由於歷史，文化等背景差異，理論仍然紛歧。哲學理念之紛歧，尤以西方為甚。所以當代西方哲學，從下列各派之立論，可窺其觀點之各自標新立異。舉要如次：

1. 唯意志主義：源出叔本華與尼采。叔本華學說，稱為生存意志主義。尼采則主張超人哲學。

2. 生命哲學與柏格森哲學：生命哲學在理論上與唯意志主義相傳承。柏格森的生命哲學，以直覺代替科學認識。

3. 現象學：代表人胡塞爾，宣稱哲學的研究對象及「純粹意識」。抽去時間空間，洗掉一切經驗因素，通過純粹意識，以把握各種現象。

4. 存在主義：出現於二十世紀二十年代至三十年代，海德格首先把「在」與「存在」加以區分，真正的「在」，就是「我在」，即人的存在。沙特繼承海氏學說，將之文學化及政治化，主張「存在先於本質。」沙特一度在巴黎街頭散發《毛語錄》。

5. 弗洛伊德主義：認為人的心理結構，由意識，前意識、無意識三個不同層次構成。尤其無意識的心理能量，乃性的本能衝動。因受壓抑，形成變態，自應求其昇華。

6. 法蘭克福學派：因德國法蘭克社會研究所而得名，代表人有弗羅姆（一九○○～一九七五年）等人，此派對教育、科技、文化及一般意識形態，莫不進行批判，主張推翻現存社會再生產過程。

7. 解釋學：源流長遠，早年傳統解釋學，因伽達默爾（一九○○～二○○二年）而有現代解釋學的形成。指出人文科學不可避免的有歷史相對性及文化差距性，乃提出「效果歷史」主張，認為歷史過程的總體，乃永恒的精神力量。

從前述各章節瞭解到中西哲學各有所見，爭論不休，其實《聖經》內涵已將任何問題，提出嚴正的答案，試加分析如次：

《新約聖經》記載，耶穌基督說：「我就是道路、真理、生命。」這一金句，概括了整個人類智慧所欲追求的思想標竿。由於人類希

望獲得最後的歸宿，人類潛意識中，實際上或明或隱都在問：「人往何處去？」耶穌直接指出，要往天國。所以耶穌首先要指出得知「道路」，乃先決條件。要尋求前往天國的道路，又必先認識真理何在？獲得真理，便獲得自由，因為經上說，真理使你獲自由，人類也就可以隨心所欲，以自由的心境，秉承真理的軌跡，邁向天國的旅程。既知道路所必經，依據真理為嚮導，也就同時獲得生命，這種生命乃是永生的生命。耶穌指出：人若獲得全世界，但是失去生命，又有甚麼意義呢？

　　基督真理為整體基督教神學、哲學與科學的核心。茲再分析如次：

（一）從神學言

　　《聖經》神學初期，由托瑪斯，阿奎那集其大成。馬丁路德與加爾文，更以「因信得救」，「因信稱義」作為重點，以期喚醒世人靈魂的甦醒。但在現代文化的衝擊下，神學思潮從自由主義神學、社會福音神學，危機神學、辯證神學、基要主義神學，進而更有激進的世俗神學，新正統主義神學、存在主義神學，希望神學與政治神學（包括第三世界神學，非洲神學、拉丁美洲解放神學、革命神學，東南亞的民眾神學），以至婚姻神學、婦女神學等等。由於基督真理原已彰顯於《聖經》，有關各種神學思潮，亟待以《聖經》為印證。

（二）從哲學言

　　基督教哲學，自教父哲學、經院哲學，至十九世紀末，則有新經院哲學，形成新托瑪斯主義，均屬天主教哲學的思潮。而新教興起後，馬丁路德、加爾文，以至施來爾馬赫（一七六八～一八三四

年），祈克果（一八一三～一八五三年）史懷徹（一八七五～一八六五年），饒申布士（一八六一～一九一八年）、湯樸威廉（一八八一～一九四四年），卡爾巴特（一八八六～一九六八年）、田立克（一八八六～一九六五年），尼布爾（一八九二～一九七一年），布洛赫（一八八五～一九七七年），邦尼諾（一九二四～）等人，許許多多的神哲學家，以其神學觀點發揮哲學理念，但是批判其哲學思想是否正確，仍應以能否回歸《聖經》為斷。

（三）從神學言

創世紀第一章：「起初神創造天地。」這一金句開始就展開了神學史的發展過程，以迄未來的新耶路撒冷城的出現。所以具有科學頭腦的思想家，本身又有科學專長，例如天文學家的哥伯尼、加利略、牛頓等，生物學家及醫學家的孟德爾、巴斯德等，物理學家及化學家的法拉弟、欒琴等，以至發明家愛迪生等，還有相對論者愛因斯坦，首次登陸月球的阿姆斯壯等人，莫不衷心信仰創造天地萬物的主宰。難怪當第一顆原子彈，在美國新墨西哥州的荒野中試爆時，全體參與工作的人員，尤其費盡心血的科學家，工程師們，大家都以敬虔的心情向上蒼祈禱。科學的最高境界，在於認識宇宙的奧秘，能認識創造天地萬物的主宰，才能到達科學的終極目的。

（四）從生命言

個人生命雖是暫短的，但是世代綿延，生命是繼續的創造。

上帝曾經應許亞伯拉罕，其後代必定有昌盛。今天世界人口已突破六十億大關，亦象徵上帝應許的達成。

　　二十世紀九十年代生物科學最大成就，也就生命奧秘的揭開。一九九九年三月美國新聞週刊報導，科學家正尋求「生命的最小基因組」配方，從而創造生命。果能揭開創造生命的奧秘，人類將進一步瞭解自身生命的來源，並瞭解來自上帝的大能。

　　耶穌要給予人的生命，乃是永遠的生命。也就是約翰福音第三章指示：叫一切信祂的人，不至滅亡，反得永生。這原是基督生命的終極目的。

　　中西哲學家正應把握基督真理的核心，展開相輔相成的新認識與新努力。

　　中國哲學道、儒、墨……各家，以至當代新儒家，都在追求天道、宇宙根本、生命價值、認識範疇等等哲學的根本問題的解答。而且中國哲學的特色，重視自身的力行，以期達到道德境界自許。

　　西方哲學家同樣從宇宙、社會、人生等各方面，探討本體與存在、觀念與行動、理想與現實，為解答個人困惑，以至解決世界爭端，提出不少方案的構想。

　　果能均從天道與人道、生命與倫理、規範與定律、信心與行為、從宏觀到微觀，透過科學分析，展現基督教哲學的新面貌，則二十一世紀的來臨，將足以刺激人心，邁向千禧年後的新里程。

第五章 中庸哲學的新使命

第一節 中庸哲學釋義

中庸一詞，誠如宋儒程伊川所謂：「不偏之謂中，不易之謂庸，中者天下之正道，庸者天下之定理。」因之，中庸乃是一種哲學，其立論重點，於凡事不偏不易，以求均衡、協調、融通、和諧，以達到真善美的理想境界。

所以美國哈佛大學社會學系創辦人素羅鏗（P. A. Sorokin）指出人類文化，基本上不外理念文化與感性文化兩大類型，但都各有所偏。因此素羅鏗教授力倡中庸文化的建立，此與中庸哲學的主旨，可謂先後輝映。

所謂文化乃是一個民族的生活方式，也是人類建設的成果。文化包括七大要素：政治，經濟，宗教，道德，法律，文學與藝術。其形成表現在文字記錄上，便是文學。而遺留下來的歷史文物，便是藝術。因之，文學與藝術實乃文化的象徵與結晶。

世界文化由於地理環境的不同，形成東方文化與西方文化兩大系統。代表東西方文化則有兩大標準，在東方就是易經，在西方就是《聖經》。兩者均屬探索宇宙萬有原理，亦即追尋宇宙與人生的奧秘，涵蓋天道與人道兩大範疇，而以宗教信仰為歸趨。

時至今日，進入二十一世紀的新紀元，世界文化無論是猶太教文化、基督教文化、印度教文化、中華儒釋道文化、伊斯蘭文化等雖有差異，其內在力量莫不由於宗教信仰而啟發。因之當代文化神

學創導者田立克（Tillick，一八八六～一九六五年）在其名著《系統神學》百萬言鉅著中，強調文化乃宗教的形式，宗教是文化的內涵」。他以一位先後榮獲十五個博士學位的名學者，著作等身，扭轉了十九世紀法國實證主義哲學家孔德（Auguste Comte，一七九八～一八五七年）主張的人類學術思想是由神學而哲學而科學的三階段說，轉而為由科學、哲學再進入神學的最高境界。

二十世紀九十年代，康納（Steven Connor）教授發表其名著《後現代文化導論》一書，透露了面臨二十一世紀的前十年，人類心靈徬徨的吶喊。

當今進入二十一世紀的前十年，宏觀當代世界，警惕我們瞭解八十年代後，蘇聯何以瓦解？中國大陸何以走想向改革開放？波斯灣戰爭後為何又爆出伊拉克戰爭？

綜觀世界現勢，可總結一句話，就是當前世界對立，源自於有神論與無神論的鬥爭。其關鍵所在，正是在於創造論與進化論的角力，神本主義與人本主義的對抗。而舒緩這癥結的關鍵，有待中庸哲學加以化解。其化解之道簡述如下：

一、以創造論涵蓋進化論

《聖經》創世紀第一章，揭櫫上帝創造天地萬物，指出「起初神創造天地」，時在一千三百年前。稍後孔子整理六經，《易經》有云：「有天地然後有萬物，有萬物然後有男女，有男女然後有夫婦，有夫婦然後有父子，有父子然後有君臣，有君臣然後有上下，有上下然後禮義有所措」。這個「有」字，便是創造的別稱。

由此可知東西兩大精神標竿，可謂彼此呼應。哲學家齊克果（Kierkgard，一八一三～一八五五年）「有神的存在，乃有宇宙的

存在，有宇宙的存在，乃有人類的存在」。近代現代三百餘位大科學家，從牛頓到愛因斯坦，乃至當代激光學家道恩斯（Towens）都表示其內心深處信仰唯一真神。

既有了有神論的創造論，何以又有無神論的進化論出現呢？這是因始祖犯罪後，罪惡進入世界，人的自由意志，往往作了錯誤的抉擇。所以東方文化的荀子、韓非子，或古希臘的原子論，十八世紀法國百科全書派等無神論，為馬克斯全盤吸收，尤其達爾文在物種原始中提倡進化論，對西方基督教的創造論，形成極大衝擊。不過時至今日，進化論並未獲得實質的證明，而達爾文本人更否認其有所謂人從猿猴進化而來的謬論。

因此中庸之道在於承認生物或地質，有其若干進化過程，然不能否認神之創造。

二、以神本主義陶冶人本主義

一九七三年美國人本主義協會曾發表宣言，列舉當代專業學者如數學家兼哲學家羅素（Bertrand Russell），哲學家兼文學家沙特（Jean Paul Sartre）等名家均認為人的命運操在自己手中。但今日世界進入高科技時代，電腦資訊自動化，基因突破，網路，生物晶片等發明，無不使人驚嘆並意識到自身的局限與渺小，從而更証明了神的大能。

因此中庸哲學肩負的另一項使命就在於教導人類發揮其潛在生命力，了解「敬畏耶和華乃智慧的開端，也是知識的開端，更是生命的泉源」。人人均有敬畏謙卑之心，則世上的諸多爭議難題，應可迎刃而解。

作者小傳

游芳憫博士經歷

　　游芳憫博士祖籍福建寧德，芳憫本係族譜之名，因幼年進入羅源縣基督教聖公會所辦一善堂乾元寄宿學校，校長張摩西老師認為芳憫之憫字，含有悲天憫人的內涵，非小童所能體會，建議家長改名芳敏，蓋敏字含有敏捷、奮勉之意義，則稚齡之年，亦可稍加理解，因之改名為芳敏，一直沿用以迄第二次來美，應兒女之邀決定依親在美定居，並返回家鄉寧德探親，決定恢復原族譜之名，於掃墓祭拜時稟告父母在天之靈。

　　其後求學過程，先後畢業於福建省立永安師範學校，重慶中央政治學校，美國普林頓大學哲學博士，美國啓洲神哲研究院授予榮譽哲學博士。工作經歷方面，曾先後任教於台中靜宜大學，東海大學，美國啓洲神哲研究院倫理學教授，美國普林頓大學哲學教授。社會方面，曾擔任台灣新生報主筆，超越雜誌編輯委員會召集人，並為教育部縣市文化講座主講人，中華文化研究發展基金會常務董事，兼任吉林白城師範大學及福建寧德高等專科學校客座教授。

出席第十二屆中國哲學大會於北京，作者在主席台與
沈清松博士（右）、林安梧博士（左）留影。

一九九九年，繼鐵鴻業、梁元生、吳劍雄三位先生之後，出任美國孔孟學會會長。多次應邀前往福建廈門大學、山東大學、遼寧大學等多所學校講學，亦曾應邀在北京釣魚台及人民大會堂發表有關世界文化及經濟問題等演講。其學術思想中心理念，歸納中華文化孔孟儒家哲學與基督教文化神學精義，追尋人類未來遠景，邁向二十一世紀文明的新階梯，故被推舉為「世界博愛救世大同盟」理事長，「中華四海同心會」榮譽理事長，「北美洛杉磯華文作家協會」顧問等職，鼎力提攜後進，對社區活動不遺餘力參與支持。

游芳憫博士多次訪問歐美各大名城，更遠赴以色列、印度、巴西、澳洲、土耳其諸國實地考察，神州遊訪亦遠至蒙古、東北、西藏等地，以期明瞭世界文化之根源與文明發展之終極關懷，務使其文化論述專著秉持客觀應證之原則，俾稍盡一位智識份子的棉薄心力。

二○○六年赴以色列參加和平會議時與回教主教（左一）合影。

作者參加中華文化研討會後與杜維明博士（左一）等與會學者進一步交流。

二〇〇七年獲福建鄉親盛邀，赴閩擔任姓氏研討會貴賓及游姓委員會旅美委員，當地圖書館將收藏游芳憫博士手稿及著作。

二〇〇八年作者應邀在北京釣魚台賓館發表演說。

參觀亞運會時順赴天津訪問南開大學。

參與孔孟學會及宣揚孔孟學說之理念

　　進入二十一世紀初葉的今天，至聖先師孔子，仍被列為有史以來世界十大思想家之首位，（文獻初見於一九六八年《美國世界年鑑》所載，之前更見於杜蘭博士（Dr. Will Durant）《世界文明史》等名著。良以「天下為公」、「世界大同」等人類文明崇高理念，乃孔子所首倡。當代未來學家「地球村」的憧憬，尤靠儒家「人生哲學」之倫理道德精神的發揚光大，方能創造人類文化的光明前途，以迎接二十一世紀「基因突破」「電腦網路」「生物晶片」之「高科技，新工業」時代之來臨。

　　今後美國孔孟學會自當更應盡棉薄，協同各方學者專家，以及有關機構與社團，共同努力，其遠景是樂觀的。

作者擔任孔孟學會會長期間，每年均舉辦祭孔大典及孔子學術思想研討會。
圖左三為台北孔學會長李奇茂博士，右二為現任會長孔憲詔博士，右一為蓬丹。

同時，我們當以孔孟學說，規撫美國當前國策，究其原因在於：

（一）美國智庫不無偏重「文化衝突論」，誤導美國做世界警察。

（二）就文化論，古今中外，世界各國各族的文化思想，都是在處理個人和群體關係的問題，可統稱為「群我文化觀」（此名稱為作家紀剛所提出）。只是有的幼稚簡陋，有的發展偏極。祇有孔孟學說所建構的東方文化體系，可稱完備周延，足能導致世界大同。

（三）簡介孔孟「和諧文化觀」的人生價值體系，和東西文化體系的比較。

（四）中山先生當年曾警告日本，要做東方文化的干城，不要做西方文化的鷹犬。今天我們美籍華人，尤以孔孟學說的傳人，要愛護這個國家，規撫這的國家，不要做西方文化的獅虎，而要仰望基督教文化中的耶穌愛人救人之精神。

二〇〇八年攝於西班牙阿罕布拉宮。

二〇〇九年攝於東歐一家禮品店。

國家圖書館出版品預行編目

游芳憫文史專集　第一卷，中西文化與哲學述要
/ 游芳憫 著 -- 一版.-- 臺北市：秀威資訊科技，
2010 07
　　面；　公分.-- (哲學宗教類；PA0034)
BOD 版
ISBN 978-986-221-489-3(平裝)

1. 文化史　2. 哲學史

713　　　　　　　　　　　　　　99008777

哲學宗教類　PA0034

游芳憫文史專集第一卷：
中西文化與哲學述要

作　　者 / 游芳憫
發 行 人 / 宋政坤
執行編輯 / 林泰宏
圖文排版 / 陳宛鈴
封面設計 / 蕭玉蘋
數位轉譯 / 徐真玉　沈裕閔
圖書銷售 / 林怡君
法律顧問 / 毛國樑　律師
印製經銷 / 秀威資訊科技股份有限公司
　　　　　　台北市內湖區瑞光路 583 巷 25 號 1 樓
　　　　　　電話：02-2657-9211　　　　傳真：02-2657-9106
　　　　　　E-mail：service@showwe.com.tw
經 銷 商 / 紅螞蟻圖書有限公司
　　　　　　台北市內湖區舊宗路二段 121 巷 28、32 號 4 樓
　　　　　　電話：02-2795-3656　　　　傳真：02-2795-4100
　　　　　　http://www.e-redant.com

2010 年 7 月 BOD 一版
定價：200 元

讀 者 回 函 卡

感謝您購買本書，為提升服務品質，煩請填寫以下問卷，收到您的寶貴意見後，我們會仔細收藏記錄並回贈紀念品，謝謝！

1. 您購買的書名：_____

2. 您從何得知本書的消息？

　　□網路書店　□部落格　□資料庫搜尋　□書訊　□電子報　□書店

　　□平面媒體　□ 朋友推薦　□網站推薦 □其他_____

3. 您對本書的評價：(請填代號　1.非常滿意 2.滿意 3.尚可 4.再改進)

　　封面設計____　版面編排____　內容____　文/譯筆____　價格____

4. 讀完書後您覺得：

　　□很有收穫　□有收穫　□收穫不多　□沒收穫

5. 您會推薦本書給朋友嗎？

　　□會　□不會，為什麼？_____

6. 其他寶貴的意見：_____

_____

_____

_____

讀者基本資料

姓名：_____　年齡：_____　性別：□女 □男

聯絡電話：_____　E-mail：_____

地址：_____

學歷：□高中(含)以下　　□高中　□專科學校　　□大學

　　　□研究所(含)以上 □其他_____

職業：□製造業 □金融業 □資訊業 □軍警 □傳播業 □自由業

　　　□服務業 □公務員 □教職　□學生 □其他_____

To：114

　　台北市內湖區瑞光路 583 巷 25 號 1 樓

　　秀威資訊科技股份有限公司　　　收

寄件人姓名：

寄件人地址：□□□

(請沿線對摺寄回,謝謝!)

秀威與 BOD

BOD（Books On Demand）是數位出版的大趨勢，秀威資訊率先運用 POD 數位印刷設備來生產書籍，並提供作者全程數位出版服務，致使書籍產銷零庫存，知識傳承不絕版，目前已開闢以下書系：

一、BOD 學術著作—專業論述的閱讀延伸
二、BOD 個人著作—分享生命的心路歷程
三、BOD 旅遊著作—個人深度旅遊文學創作
四、BOD 大陸學者—大陸專業學者學術出版
五、POD 獨家經銷—數位產製的代發行書籍

BOD 秀威網路書店：www.showwe.com.tw
政府出版品網路書店：www.govbooks.com.tw

　　永不絕版的故事・自己寫・永不休止的音符・自己唱